D1930881

KARTOFFEL KOCHBUCH

© by Weltbild Verlag GmbH, Augsburg und
Artus Verlag, München 1988.

Autoren: Wolfgang C. Ehrnsperger, Angelika Ehrnsperger
und F. Lerosque.
Gestaltung: Heinrich Harfold.
Gesamtherstellung: Artus Verlag GmbH, München.

Nachdruck, auch auszugsweise, ohne ausdrückliche
Genehmigung des Verlages nicht gestattet.

ISBN 3-926187-43-3

Wolfgang C. Ehrnsperger

KARTOFFEL KOCHBUCH

Rezepte und Tips
rund um die „tolle Knolle“

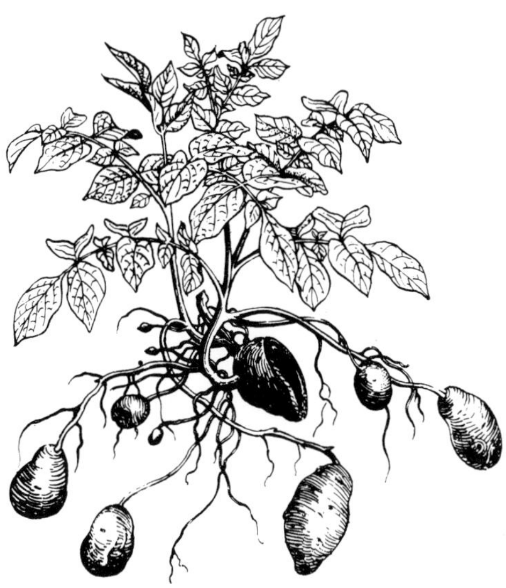

Kartoffel *(Solanum tuberosum)*

Weltbild

Einführung
Ein Star feiert 400jährigen Geburtstag 6

Historie & Histörchen
Vom Gold der Inkas zur Delikatesse 10

Sorten & Arten
Wer kennt die Sorten, nennt die Namen? 18

Rezeptteil (alle Rezepte für 4 Personen)

Köstlichkeiten rund um die Kartoffel 24

Salate 26

Suppen & Eintöpfe 38

Knödel & Klöße 50

Bratkartoffeln, Röstis & Puffer 62

Grillkartoffeln, Aufläufe & Gratins 74

Salz-, Pell- & andere Kartoffeln 86

Kuchen & Nudeln 100

Kartoffeln in Küche & Keller 111

Kartoffeln fix & fertig 121

Kartoffeln wertvoll & gesund 129

Schlank mit Kartoffeln – eine Kartoffel-Kur 134

Die Kartoffel – ein blühender Erfolg

Ein Star feiert 400jährigen Geburtstag

Für die Kartoffel ist 1988 ein Jubiläumsjahr, sie feiert im deutschsprachigen Raum ihren 400sten Geburtstag. Doch daß davon kein großes Aufhebens gemacht wird, paßt eigentlich zu dieser unscheinbaren Knolle, schließlich sind ihr im Laufe ihrer über 2000jährigen Geschichte nur selten große Ehrungen zuteil geworden. Im Gegenteil. Zunächst einmal wurde sie nicht einmal erkannt, dann als minderwertig eingestuft, oft genug falsch zubereitet und behandelt und nicht zuletzt sogar zwangseingeführt. Von ihrem Ruf als „Arme-Leute-Essen" ganz zu schweigen. Lediglich in Kriegszeiten und während Hungersnöten besann man sich auf die „olle Knolle". Wenn die Karriere der Kartoffel auch kurvenreich war, so hat sie ihren Siegeszug dennoch unbeirrt fortgesetzt, vom „Gold der Inkas" zur weltweiten Delikatesse, zur „Königin der Unterwelt". So besteht auch gar kein Grund, jetzt etwas rührselig oder sentimental zurückzublicken, wie das sonst bei solchen Jubiläen oft der Fall ist. Postume Anerkennung hat sie nicht nötig, denn sie ist trotz ihres Alters jünger, attraktiver und auch geachteter denn je. Und es sieht ganz so aus, als würden wir gerade auf dem Ernährungssektor künftig noch eine ganze Menge von ihr hören. Von den alten Inkas bis in die Tiefkühltruhe der Neuzeit hat sie nämlich immer wieder für Überraschungen gesorgt.

Als die Alte Welt den neuen Kontinent Amerika entdeckte, berauschten sich die Eroberer an den sagenhaften Goldschätzen der Inkas. Das wahre Gold der Inkas, die Kartoffel, blieb lange ein ungehobener Schatz. Es dauerte bis etwa 1580, bis die Kartoffel nach Europa kam. Eroberer, Seefahrer und Freibeuter brachten die indianische Knolle nach Europa. Hier fand die Kartoffel jedoch zunächst nur als exotisches Gewächs, als botanische Rarität einen Platz in den königlichen Ziergärten, wo man sie vor allem wegen ihrer schönen Blüten anpflanzte. Das war dann allerdings der endgültige Beginn einer sehr wechselvollen Karriere – vom Luxusgewächs über die Kochtöpfe der Armen bis zum heute unverzichtbaren Bestandteil einer modernen Ernährung für gesundheitsbewußte und geschmacksorientierte Genießer.

Vom Aphrodisiakum zum Volksnahrungsmittel

Aus dem Jahr 1588 stammt die erste nachweisbare Erwähnung des Anbaus von Kartoffeln auf deutschem Boden – allerdings handelte es sich dabei noch lange nicht um feldmäßigen Anbau, sondern um den Anbau zu wissenschaftlichen, botanischen Zwecken in einem Garten des damals berühmten Botanikers Clusius. Die Kartoffel wurde ja nicht begeistert als neues Nahrungsmittel aufgenommen, sie hatte viele Vorurteile zu überwinden, ehe sie von den Bauern und den damaligen Meinungsbildlern akzeptiert wurde. Die Kirche wetterte gegen die neue Frucht und behauptete, der Teufel habe auf den Boden gespuckt und daraus sei dann die Kartoffel gewachsen. Man dichtete der Kartoffel auch – da aus der Gattung der Nachtschattengewächse – narkotisierende und aphrodisierende Wirkung an. Mediziner warnten vor dem Genuß der Kartoffel, da verschiedenste Krankheiten dadurch gefördert oder gar entstehen könnten (dabei wußten bereits die alten Inkas und auch die Seefahrer schon damals um die verschiedensten Heilwirkungen der Kartoffel!). Erst 1740 gelang – wohl mehr durch die List als durch den Erlaß des „Alten Fritz" – die Durchsetzung der Kartoffel auf den deutschen Feldern. Und damit änderten sich auch die Eßgewohnheiten in Deutschland gründlich; aus dem exotischen Nachtschattengewächs wurde rasch ein typisches Volksnahrungsmittel – die Grundlage zahlloser Gerichte.

Doch nicht nur zum Kochen fanden die Kartoffeln Verwendung, man setzte sie fast überall ein, wie die Titel alter Bücher und Enzyklopädien sehr anschaulich demonstrieren. Aus Kartoffeln wurden Puder, Stärke, Seife, Lichter, Sauerteig, Brot, Bier, Wein, und natürlich auch Schnaps hergestellt. Die Kartoffelschalen versuchte man für die Papierherstellung einzusetzen, und natürlich spielte die Kartoffel auch als Viehfutter eine große Rolle.

Der Wohlstand brachte den Karriereknick

In der Zeit der industriellen Revolution, in Not- und Hungerszeiten, in den Kriegs- und Nachkriegs-Jahren war die Kartoffel Grundnahrungsmittel Nummer Eins. Das änderte sich mit dem steigenden Wohlstand deutlich. Das Image der Kartoffel degenerierte vom Sattmacher zum Arme-Leute-Essen und schließlich zur altmodischen, dickmachenden Kalorienbombe. Die Kartoffel rutschte in der Verbrauchergunst ab – vom Teller in den Keller. Dabei ist die Kartoffel eines unserer wichtigsten Nahrungsmittel überhaupt. Sie enthält alle lebenswichtigen Nährstoffe, Vitamine, Mineralien und Spurenelemente und hat mit ihren knapp 70 Kilokalorien (knapp 300 Kilojoule) pro 100 Gramm weniger Kalorien als ein Apfel!

Das kalorienarme Kraftpaket

Heute ist die Kartoffel wieder obenauf – etwa 1000 Kartoffeln ißt der Bundesbürger pro Jahr; dabei kommt bereits jede dritte Kartoffel als Fertigprodukt auf den Tisch – und die „Kinder der Kartoffel" sind weiter auf dem Vormarsch. Seit geraumer Zeit weisen auch Ernährungswissenschaftler, Mediziner, Verbraucherberater, Institutionen, Ministerien und Medien intensiv auf die fatalen Entwicklungen im Ernährungsverhalten und die daraus resultierenden Gesundheitsrisiken hin. Immerhin sind rund 20 Millionen Bundesbürger heutzutage diätbedürftig! Und daß die Kartoffel sich ideal für diätetische Zwecke eignet, ist bereits seit Anfang der siebziger Jahre nachgewiesen. Heute haben die Verbraucher die Kartoffel wieder neu entdeckt, und daß das einstige Kellerkind inzwischen zur „Königin der Unterwelt", des häuslichen Kellers avanciert ist, läßt sich nicht zuletzt daran erkennen, daß sogar die Edel- und Nobelgastronomie immer wieder neue Kartoffel-Kreationen auf ihre Speisekarten bringt. Auch der häusliche Speisezettel weist wieder öfter die Kartoffel auf, kein Wunder, denn die Kartoffel erfüllt alle Verbraucherwünsche: Genuß, Gesundheit, Schlemmerei, Schönheit, Raffinesse, Bodenständigkeit, Zeitgeist und Nostalgie.

So soll dieses Buch auch kein Kochbuch im üblichen Sinne sein. Vielmehr haben wir versucht, die Kartoffel in ihrem Umfeld, in ihrem gesamten Spektrum zu beleuchten und vorzustellen. Und dazu gehört nun einmal ihr Weg von Südamerika nach Europa, die Vielfalt der Sorten und Arten wie auch der gesundheitliche Aspekt und die Art und Weise, die Kartoffel von deftig bis raffiniert abwechslungsreich zuzubereiten.

Historie und Histörchen

Vom Gold der Inkas zur Delikatesse

Die Geschichte einer so profanen Frucht wie der Kartoffel aufzuschreiben, ist das nicht etwas übertrieben? Überhaupt, gab es die Kartoffel denn nicht schon immer? Wer kann sich heute noch ein Leben ohne Kartoffel vorstellen? Schließlich ist die Kartoffel doch in aller Munde, ob als Bratkartoffel, Pellkartoffel, Salzkartoffel oder in der Umgangssprache, wenn wir jemanden wie eine „heiße Kartoffel" fallen lassen. Oder die neueste Wortschöpfung, wenn wir jemanden als „Couch-Potato" (Sofakartoffel) bezeichnen (dieser Ausdruck kommt aus Amerika und bezeichnet die Leute, die es sich gern daheim gemütlich machen, ohne größere Aktivitäten zu entwickeln). Doch von der Inka-Knolle bis zur „Couch-Potato" mußte die Kartoffel einen weiten und nicht selten hindernisreichen Weg zurücklegen.

Von Peru über Spanien nach Deutschland

Die Urheimat der Kartoffel dürfte das heutige Peru sein. Die Inkas pflanzten in den Anden die „Papas" (Knollen) schon vor rund 2000 Jahren und nutzten sie neben dem Mais als Hauptnahrungsmittel. Als die Spanier Anfang des 16. Jahrhunderts Peru und Chile eroberten, fanden sie in dem dortigen Inkareich ausgedehnte Kartoffelkulturen. In einem spanischen Expeditionsbericht wird die Kartoffel so beschrieben: „Sie haben mehlige Wurzeln, sind von gutem Geschmack, ein für die Indianer sehr angenehmes Gut und ein köstliches Gericht sogar für Spanier." Die Inkas kannten übrigens auch schon die Haltbarmachung der Kartoffel durch Trocknung: Sie nutzten die klimatischen Bedingungen der Andenhochebene mit ihren scharfen Nachtfrösten und der sengenden Tageshitze zur Trocknung der Kartoffeln. Da die Kartoffel zu 75 Prozent aus Wasser besteht, waren die Knollen nach diesem „Gefriertrocknungsvorgang" zwar steinhart, aber sehr leicht und vor allem geschützt vor Verderb wie zum Beispiel Fäulnis oder Schimmelbefall. Dieses „Chuño", diese gefriergetrocknete Indianerkartoffel, ist also der eigentliche Vorläufer der heutigen Kartoffel-Fertigprodukte.

Auf den Schiffen der spanischen Eroberer fand die Kartoffel bald Eingang in die Verproviantierung und gelangte so nach Spanien. 1565 erhielt der spanische König Philipp II. eine Kiste ausgesucht schöner Kartoffeln. Und in Spanien wurden auch die ersten Kartoffeln auf europäischer Erde angebaut. Die kostbaren exotischen Knollen wurden als Rarität von Hof zu Hof, von Wissenschaftler zu Wissenschaftler weitergereicht. Daß Sir Francis Drake, der königlich privilegierte Freibeuter Britanniens, die Kartoffel als erster nach Europa gebracht hat, ist eine ebenso hübsche wie unausrottbare Legende. Wer wann ganz genau die Kartoffel nach Europa brachte, ist bis heute nicht geklärt. Mit großer Sicherheit geht man jedoch davon aus, daß Sir Walter Raleigh um 1586 die Kartoffeln in Irland einführte. Nach Deutschland gelangte die Kartoffel Ende des 16. Jahrhunderts auf mehreren Wegen. Hier nur zwei Marksteine: 1589 pflanzte sie der berühmte Botaniker Clusius im botanischen Garten in Frankfurt am Main, und 1592 führte Landgraf Wilhelm IV. (der Weise) von Hessen-Kassel die Kartoffel in seinem Ländle ein. Damit war die Kartoffel zwar in Deutschland angekommen, aber noch lange nicht auf dem Feld, geschweige denn auf den Tellern der Deutschen gelandet.

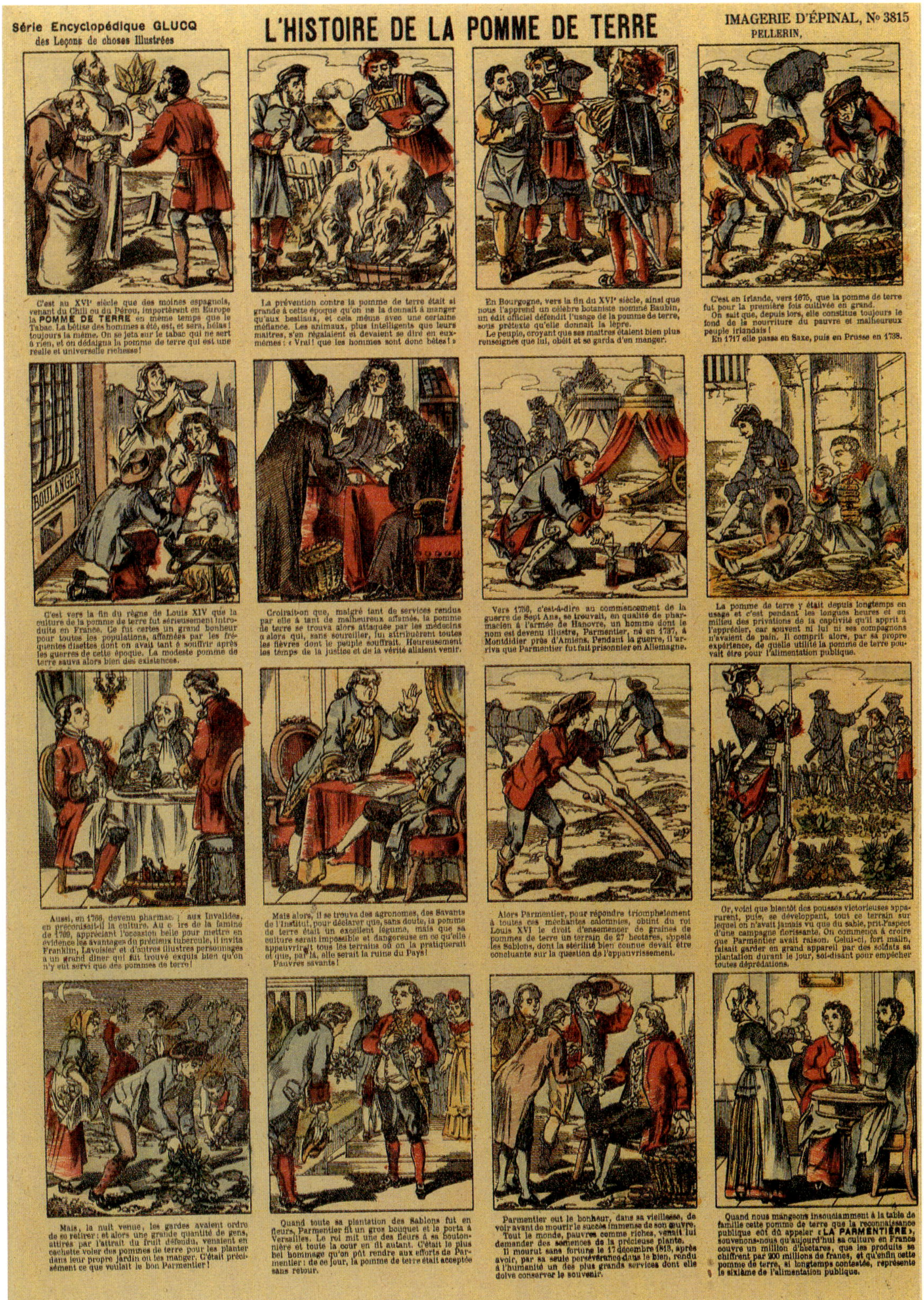

Die Geschichte der Kartoffel, wie sie die Franzosen sehen: leicht romantisiert im Stil einer Moritat.

Vom Augenschmaus zum Magenfüller

Obgleich man wußte, daß die Kartoffel eßbar war, wurde sie zunächst als exotisches Gewächs in den Ziergärten der Fürsten und des Adels angepflanzt. Ihre dekorativen Blüten wurden zu Brautsträußen gebunden, als Tischschmuck eingesetzt und fanden sich sogar als Dekor auf edlem Geschirr. Gleichzeitig faßte die Kartoffel in den Gärten der Gelehrten, der Mediziner und Botaniker Fuß. Vereinzelt bereitete man auch Speisen aus der Kartoffel zu, die als großer Luxus galten. Von einem Volksnahrungsmittel war die Kartoffel aber immer noch weit entfernt. Vorurteile und Aberglaube verhinderten zunächst den Siegeszug der Kartoffel. Zum einen gab es das von den Ärzten aufgebrachte Vorurteil, die Kartoffel würde – weil zu den Nachtschattengewächsen gehörig – gewisse narkotische Stoffe enthalten und sei daher in größeren Mengen giftig. Zum anderen wurde das Gerücht gestreut, daß von Hautausschlägen über Gicht bis Rheumatismus und Bleichsucht so gut wie alle Krankheiten vom häufigen Genuß der Kartoffel herrührten. Gelegentlich spukte auch der Gedanke herum, daß der Kartoffelgenuß zu besonderer sexueller Erregung führe – was natürlich die kirchliche Obrigkeit zu Warnungen vor der Kartoffel veranlaßte. Daß dieses Gerücht bis heute noch nicht ausgerottet ist, beweist eine Meldung, die kürzlich in der Boulevard-Presse erschien: „Insulinartige Hormone in der Knolle regen den Stoffwechsel auf besondere Weise an und begünstigen den Fortpflanzungstrieb."

Einer raschen feldmäßigen Ausbreitung der Kartoffel stand sicherlich auch im Wege, daß man noch nicht so recht wußte, wie man die neue Feldfrucht zu behandeln habe. Und längst nicht alle Grundherren waren von der Idee angetan, auf den Feldern künftig Kartoffeln statt Getreide anzubauen. So war sich zum Beispiel auch die österreichische Kaiserin Maria Theresia bis in die sechziger Jahre des 18. Jahrhunderts relativ unschlüssig darüber, ob sie den Kartoffelanbau nun propagieren solle oder nicht; später entschloß man sich, den Kartoffelanbau in den landwirtschaftlich ärmeren Gebieten zu fördern, nicht aber in den reichen Kornkammern Ober- und Niederösterreichs. Ganz im Gegensatz dazu steht die Haltung Friedrichs des Großen von Preußen, der den Kartoffelanbau in Deutschland in vielfältiger Weise förderte und durchsetzte. Als Friedrich II. 1740 den Thron bestieg, begann er auch, im Rahmen seiner allgemeinen großen Förderung der preußischen Landwirtschaft, den Kartoffelbau systematisch zu forcieren. Die Knolle sollte die Ernährung des Volkes sicherstellen und den großen Brot-Teuerungen entgegenwirken. Zunächst war dem Kartoffelerlaß des „Alten Fritz" nicht der erwünschte, durchschlagende Erfolg beschieden. Zwar wurden den Bauern Instruktionen für Anpflanzung und Verbrauch der Kartoffeln erteilt, sogar Saatgut wurde kostenlos verteilt, aber – so beschreibt es Joachim Nettelbeck (1821) in seinen Memoiren – „die Bauern nahmen die Saatkartoffeln nur verwundert in die Hände, rochen, schmeckten und leckten daran, dann brachen sie sie auseinander und warfen sie den Hunden vor, die sie gleichfalls verschmähten". Und damit war zunächst das Schicksal der Kartoffel besiegelt, denn was nicht einmal die Hunde fraßen, das war wohl auch für den Menschen nicht geeignet. Erst im Jahr darauf, als noch einmal kaiserliche Pflanzkartoffeln verteilt wurden und ein mitgeschickter Landreiter den Bauern Anbau und Wesen der Kartoffel erklärte, war der Bann gebrochen. Berühmt ist auch

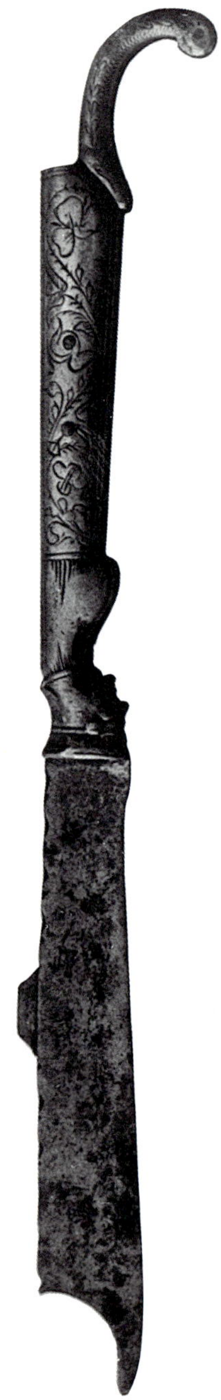

Historisches Kartoffelmesser

Nur mit einer List konnte der „Alte Fritz“ die Bauern zum Kartoffelanbau „überreden“ (oben).

Die Kartoffel Im 1. Weltkrieg: Durchhalte-Parolen auf Postkarten.

die List des „Alten Fritz“, die in Sachen Kartoffelanbau ihre Wirkung nicht verfehlte. Um die ablehende Haltung der Bauern gegenüber der Kartoffel zu brechen, ließ der „Alte Fritz“ seine eigenen Felder mit Kartoffeln bestellen und zum Schein von Dragonern strengstens bewachen. Diese streng bewachten Felder erregten natürlich Aufmerksamkeit und Neugier und so stahlen nachts die Bauern heimlich die seltenen und wohl auch kostbaren Pflanzen, die der König auf seinen Feldern anbauen ließ, um sie anschließend daheim in ihre eigenen Gärten zu setzen. Und genau dorthin wollte der listige König sie ja auch haben.

Im sogenannten Siebenjährigen Krieg (1756–1763) gelang dann der Kartoffel der eigentliche Durchbruch als Grundnahrungsmittel. War sie doch oft das einzig Eßbare, das den Menschen damals noch blieb. Gleich zu Beginn dieses Krieges geriet auch ein Franzose in preußische Gefangenschaft, der später der Kartoffel zum Durchbruch in seiner Heimat verhelfen sollte: der damals kaum 20jährige Heeres-Apotheker Antoine Auguste Parmentier. Ihm sollte es vorbehalten bleiben, die Pflanze, die man zwar schon seit 150 Jahren in Frankreich kannte, die aber auch hier nie so richtig populär geworden war, zum festen Bestandteil des französischen Speisezettels zu machen. Nach dem Krieg wurde Parmentier Apotheker am Invalidenhospital zu Paris. Dieser Posten erlaubte es ihm, sich weiter mit der Kartoffel zu beschäftigen. Als 1770 in Frankreich wieder einmal Hunger herrschte und die Akademie der Wissenschaften einen Wettbewerb ausschrieb mit dem Ziel, Lebensmittel zu erforschen, die die Not zu lindern in der Lage wären, setzte Parmentier sich mit einem Traktat für die Kartoffel ein. Parmentier gewann den ersten Preis und gilt seither als „Vater der Kartoffel“ – zumindest für die Franzosen.

Kriege und Hungersnöte waren also die Wegbereiter der Kartoffel zum Grundnahrungsmittel Nummer Eins – nicht nur in Deutschland, sondern überall in Eurpa. Das einstige „Gold der Inkas" war zum „Manna des kleinen Mannes" geworden. In der ökonomisch-technologischen Enzyklopädie von Johann Georg Krünitz (1785) heißt es dazu unter anderem:

„Der gemeine Mann wird ihrer gar nicht überdrüssig..."

„Die Kartoffeln können alle und jede Fleischart, auch Fische vertragen. Sie haben überhaupt darin den Vorzug vor allen übrigen Kochspeisen, daß der gemeine Mann ihrer gar nicht überdrüssig wird und sie nicht nur alle Tage, sondern auch täglich mittags und abends gern ißt. Man lasse es daher lieber an anderen Vorkosten fehlen, nur nicht an Kartoffeln. Sie sind gleichsam das Manna des gemeinen Mannes. Da das Gesinde aber bei dieser Art, die Kartoffeln sich bei Tisch selbst abzuschälen und zum Butterbrote zu essen, mehr Zeit gebraucht, müssen dieselben nicht des morgens oder mittags auf den Tisch kommen, weil das Gesinde, zum Nachteil der Arbeiten, zumal in kurzen Tagen, zu lange bei Tisch verweilen würde. Da aber nach der Abendmahlzeit keine Arbeit auf dem Hofe mehr verrichtet wird, so kann diese Art, die Kartoffel zu essen, nur des abends stattfinden. Das Gesinde möchte zwar gern bei allen Tagesmahlzeiten nach der Suppe, Vorkost und Fleischspeise mit Kartoffeln die Mahlzeit beschließen, man muß aber nicht darein willigen, indem in kurzen Tagen eine ganze viertel Stunde bei solchen verlängerten Mahlzeiten einen gleichgültigen Verlust in der Wirtschaft verurschachen kann."

Wie immens wichtig die Kartoffel als Hauptnahrungsmittel für die ärmere Bevölkerung war, zeigt sich auch am Beispiel der Hungerskatastrophe in Irland. In den Jahren 1845 und 1846 ließ eine Pflanzenseuche (Krautfäule) alle Kartoffelkulturen auf den Feldern verfaulen. Hunderttausende von Iren starben an Hunger, zahllose flohen vor der Not und wanderten nach Amerika aus. Eineinhalb Millionen Menschen weniger lebten nach dieser „Kartoffelkatastrophe" auf der grünen Insel.

Kartoffeln sicherten das Überleben und – das hatte man schon sehr frühzeitig erkannt – ließen sich sehr vielseitig verwenden. 1785 gelang die erste Trocknung der Kartoffeln. Das gewonnene Produkt eignete sich allerdings noch nicht für die menschliche Ernährung. Es sollte noch mehr als 100 Jahre dauern, bis die Kartoffelverarbeitung in diesem Bereich zu Erfolg kam. Zahlreiche Bücher und Schriften aus dem Ende des 18./Anfang des 19. Jahrhunderts belegen den vielseitigen Einsatz der Kartoffel: Christian Friedrich Reuss, 1794: „Über den vorteilhaftesten Anbau und beste Benutzung der Kartoffeln zu Mahlzeiten, Branntewein, Puder, Stärke, Seife, Lichter, Sauerteig und dergleichen." Bernhard Friedrich Voigt (1864): „Kartoffelbüchlein und Kartoffel-Kochbuch für Reich und Arm oder die Kartoffel in ihrer mehr hundertfältigen erprobten Anwendung zu den mannigfaltigsten Suppen, Gemüsen, Zuspeisen, Salaten, Mehlspeisen, Backwaren und anderen schmackhaften Zubereitungen wie auch nach ihrer vielfachen Nutzbarkeit für den Viehbestand und bei technischen Gewerben namentlich zu Grütze, Sago, Brot, Butter, Käse, Bier, Wein, Kaffee, Seife, Lichtern und anderem."

Von Kunst, Kitsch und Kuriositäten

Damals wie heute war der Phantasie, was sich aus Kartoffeln alles machen ließe, keine Grenzen gesetzt. Von Anfang an beschäftigten sich auch Künstler aller Bereiche mit dem Objekt Kartoffel. Große Namen kann die „Kartoffelkunst" verzeichnen; Maler wie van Gogh, Milet und Liebermann, um nur einige Beispiele zu nennen, Dichter wie Matthias Claudius, Shakespeare, Goethe, Zuckmayer und Grass, Kartoffellieder entstanden, Kartoffelskulpturen wurden gemeißelt und der Kartoffel wurden sogar Denkmäler errichtet. Es gibt ein Kartoffelmuseum und ein freies Kartoffel-Kuratorium, das jährlich die „Goldene Kartoffel" verleiht. Kartoffeldrucke und Kartoffelstempel, Kartoffelspiele und Kartoffelschmuck gibt es ebenfalls inzwischen. Die Kartoffel zierte Feldpostkarten ebenso wie Notgeld. Selbst die Naturkosmetik hat inzwischen die Kartoffelcreme wieder entdeckt, und auch die Marzipan-Kartoffel darf in dieser kleinen Auflistung der Kuriositäten nicht fehlen.

Renaissance der Kartoffel

Die Karriere der Kartoffel vom Gold der Inkas über das mißverstandene und zu Unrecht verschmähte Kellerkind bis zum heute geschätzten Fit- und Schlankmacher, ist sicher noch lange nicht zu Ende. Wenn heute die Kartoffel wieder mehr geschätzt wird, wenn ihr nicht mehr der Ruf des Arme-Leute-Essens, des dickmachenden Sattmachers anhaftet, dann hat dies mit Sicherheit auch mit einem neuen Umwelt- und Gesundheitsbewußtsein zu tun, das seit geraumer Zeit das Verbraucherverhalten in starkem Maße prägt. Der neue Verbraucher sucht zeitgemäße Produkte für eine ausgewogene Ernährung, das heißt, er möchte genau wissen, was er ißt – angefangen bei den Rohstoffen und Zutaten über die Verarbeitung bis zu den Nährwertangaben. Gesundheitswert mit Genußqualität wird verlangt. Die Kartoffel bietet das in reichem Maße. Kein Wunder, wenn der Volksmund schon immer meinte: „Kartoffeln in der Früh, zu Mittag in der Brüh, zu Abend im ganzen Kleid, Kartoffeln in Ewigkeit."

Heute ist die Kartoffel jedoch weit mehr als ein Gericht für alle Tage und Anlässe. Vielmehr hat sie sich in letzter Zeit in schier unzähligen Varianten zu einer Delikatesse gemausert. Selbst die Köche der „neuen Küche" oder „nouvelle cuisine" gehen nicht mehr achtlos an der Kartoffel vorbei, sondern widmen ihr unterdessen ihre ganze Kreativität. Zu recht.

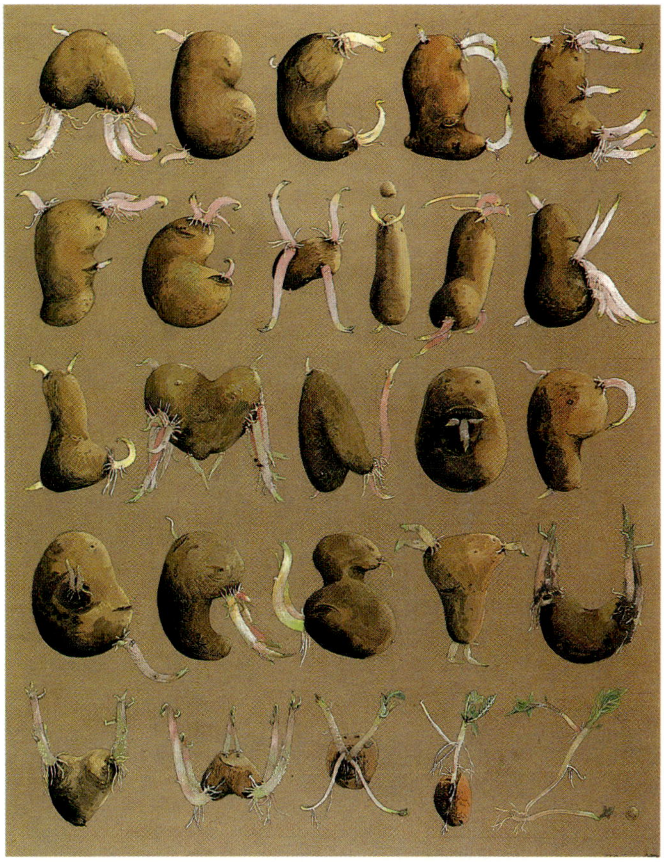

Ein Kuriosum: das „Kartoffel-Alphabet", gezeichnete Phantasie.

Christa

Hansa

Glo

Berolina

Ukama

Sie

Roxy

Forelle

Cile

Sorten und Arten

Atica

Linda

Ulla

Wer kennt die Sorten, nennt die Namen?

Erst nannte man die Inka-Knolle wissenschaftlich „Papa peruanorum" oder „hispanorum" oder „indicum", in vielen Schriften tauchte auch der Name „tartuffuli" für Kartoffeln auf. Erst Ende des 16. Jahrhunderts erhielt sie ihren wissenschaftlichen, bis heute gültigen Namen: „Solanum tuberosum." In der Mundart und in der Umgangssprache findet man zahllose Ausdrücke für die Kartoffel. Angefangen von Erdschocken, Karunkel. Polanze über Grundbirne, Krumbeere, Bodenbirne, Erdapfel, Erdbohnen, Erdmorcheln, Erdkästen (von Kastanien) bis Pataten und Pantüffel. Wenn in manchen Gegenden die Kartoffeln heute noch Pataten genannt werden, dann ist das wohl ein Relikt aus der Frühzeit der Kartoffel. Denn während „Papa" in der Sprache der peruanischen Ureinwohner das Wort für Kartoffeln war, wurden die in Südamerika heimischen Süßkartoffeln „Patatas" genannt. Die Süßkartoffel ist jedoch botanisch gesehen keine Kartoffel, sie gehört zu der Familie der Windengewächse (im Gegensatz zur Kartoffel, die ein Nachtschattengewächs ist) und ist in Südamerika ein beliebter Kartoffelersatz.

Mit solchen Irrungen und Wirrungen muß sich der Verbraucher heute allerdings nicht mehr rumschlagen – was jedoch nicht heißt, daß das Thema Kartoffel für ihn nun ganz und gar problemfrei ist.

Vielfalt und Verwirrung

Irmgard oder Jessica, Erna oder Sieglinde, Ulla, Maja, Hela, Desiree, Gloria, Christa, Saskia oder Amalia, Clivia oder Aula – das ist hier die Frage. Um Mißverständnissen vorzubeugen, es handelt sich hier keineswegs um eine Schönheitskonkurrenz, alle die genannten Namen stehen für Kartoffelsorten. Da der Name alleine aber noch nichts über den Charakter aussagt, war es sicher angebracht, eine Art „Who is Who" der Kartoffelsorten anzulegen. Dieses „Who is Who" heißt Sortenliste und wird vom Bundessortenamt herausgegeben. Und nach den Bestimmungen des Saatgutverkehrsgesetzes darf in der Bundesrepublik Deutschland Pflanzgut nur von solchen Sorten vermehrt, anerkannt und in Verkehr gebracht werden, die vom Bundessortenamt zugelassen sind. Derzeit gibt es in Deutschland 128 Kartoffelsorten, in Europa gibt es über 400 verschiedene Kartoffelsorten. Aber nicht alle zum Anbau zugelassenen Sorten gelangen als Speisekartoffeln in den Handel. Ein gutes Drittel aller Sorten ist nicht für den menschlichen Verzehr gedacht, sondern speziell als Futter- oder Fabrikkartoffel (Alkohol, Stärke) gezüchtet. Und dann gibt es natürlich noch Sorten, die für den Export in andere klimatische Regionen vorgesehen sind. Kein Wunder, wenn sich der Kartoffelanbau zunächst in Europa nur mühsam durchsetzte. Denn die aus dem Andengebiet importierten Kartoffeln waren natürlich ganz andere klimatische Bedingungen gewohnt als die, die sie schließlich zum Beispiel in Deutschland vorfanden. Die Züchtung einer neuen Kartoffelsorte – von der ersten Kreuzung bis zum professionellen Anbau und zur Vermarktung – dauert übrigens heute etwa 10 Jahre. Doch vielleicht bringt hier die „Gentechnologie" künftig neue und schnellere Erfolge. Wissenschaftler des Max-Planck-Institutes züchten heute bereits Kartoffeln, die mehr Eiweiß enthalten und außerdem gegen Schädlinge und Krankheiten besser gewappnet sind.

Vielfalt der Sorten und Arten

Im allgemeinen unterscheidet man die Kartoffeln nach ihrer Erntezeit und ihren Kocheigenschaften. Je nach Sorte werden Kartoffeln zu unterschiedlichen Zeiten geerntet und weisen dabei auch eine unterschiedliche Haltbarkeit beziehungsweise Lagerfähigkeit auf. Zur Lagerung der Kartoffeln ist grundsätzlich sagen, daß man immer daran denken sollte, daß es sich bei Kartoffeln um ein lebendes Gemüse handelt. Kartoffeln sollten deswegen trocken, aber gut durchlüftet gelagert werden – Nässe läßt sie faulen! Das heißt, Kartoffeln müssen, soweit sie in Plastikbeuteln gekauft werden, möglichst sofort aus dem Plastikbeutel befreit werden, damit sie nicht schwitzen. Kartoffeln schätzen eine gleichmäßige Temperatur von 8–10 Grad Celsius; bei tieferen Temperaturen, das heißt, ab unter 3 Grad Celsius, muß mit Geschmacksveränderungen gerechnet werden. Bei Frost verwandelt sich die Stärke in Zucker, was einen süßlichen Geschmack zur Folge hat. Lagert man die Kartoffeln wärmer als 8 Grad Celsius, so weckt man ihre Lebensgeister, sie fangen an zu keimen. Das geht natürlich an die Substanz, denn die Keime entziehen der Kartoffelknolle wertvolle Inhaltsstoffe und bringen Substanzverluste. Die Kartoffel sollte möglichst dunkel und vor Licht geschützt gelagert werden. Zum einen regt das Licht die Kartoffel zum Keimen an, zum anderen entsteht durch Lichteinwirkung das Solanin, das an den grünen Stellen erkennbar ist. Solche grünen Kartoffeln sind nicht mehr zum Verzehr geeignet. Man sollte die Kartoffeln – wenn man im größeren Rahmen einkellert – auch unbedingt getrennt nach Sorten aufbewahren und möglichst in Lattenkisten luftig einlagern.

Kartoffeln in der Reifeprüfung

Die ersten Frühkartoffeln kommen in Deutschland Ende Mai/Anfang Juni auf den Markt. Sie wachsen meist unter Folien heran und haben nur 90 Tage Reifezeit. Frühkartoffeln gelten als große Delikatesse und werden meist mit ihrer zarten Schale gegessen. Frühkartoffeln sind stets zum baldigen Verbrauch bestimmt und nicht lagerfähig. Wegen ihrer dünnen Schale sollte man sie auch nicht der Sonne oder hellem Licht aussetzen, da gerade sie schnell ergrünen. Die meisten Frühkartoffelsorten sind vorwiegend festkochend. Mehlige Frühkartoffeln gibt es wegen der kurzen Reifezeit nicht. Das ist auch der Grund, warum man aus Frühkartoffeln weder Knödel noch Reiberdatschi oder Püree herstellen kann. Der 10. August ist jeweils der Stichtag, der die Frühkartoffelsaison beendet. Was nach dem 10. August geerntet wird, darf nicht mehr als Frühkartoffel angeboten werden.

Mittelfrühe Sorten

Mittelfrühe Sorten werden ab Mitte August bis Ende September geerntet. Das Angebot ist groß und vielseitig. Die mittelfrühen Kartoffelsorten sind vor allem auch als Pellkartoffeln, zum Grillen in Alufolie, als gebackene Kartoffeln und für Salate geeignet. Auch mehlige Typen gibt es unter den mittelfrühen Sorten. Für die Vorratshaltung und das Einkellern sind jene Sorten geeignet, die ab Mitte September geerntet wurden.

Spätkartoffeln

Die mittelspäten bis sehr späten Sorten sind ab Oktober im Handel erhältlich und eignen sich zum Einkellern bis zur neuen Ernte.

Die Kartoffeln nach Kochtypen

Die Kocheigenschaften der Kartoffeln bestimmen, für welche Speisen sie sich am besten eignen. Man unterscheidet die Kartoffeln in festkochende, vorwiegend festkochende und mehligkochende Sorten. Festkochende Kartoffeln verwendet man hauptsächlich für Salate, Gratins und Bratkartoffeln. Die bekanntesten Namen: Sieglinde, Hansa, Selma, Valetta, Linda und Forelle.

Vorwiegend festkochende Kartoffeln sind besonders beliebt als Beilage für Gerichte mit Soßen, als Salzkartoffeln, Pell- oder auch als Bratkartoffeln. Das Angebot an vorwiegend festkochenden Sorten ist – wegen ihrer fast universellen Eignung – entsprechend groß. Einige der bekanntesten Sorten sind: Amalia, Clivia, Culpa, Gloria, Grandifolia, Granola, Hela, Jetta, Maja, Quarta und Ulla.

Die mehligkochenden Kartoffeln eignen sich ideal für Püree, Knödel, Klöße, Kartoffelpuffer, Suppen, Eintopfgerichte und Kroketten, aber auch zum Backen in der Alufolie. In manchen Gegenden bevorzugt man diese Sorten auch als Salz- und Pellkartoffeln. Mehligkochende Sorten zeichnen sich durch einen höheren Gehalt an ausgereifter Stärke aus; man findet sie deshalb überwiegend bei den spätreifenden Sorten. Zu den bekanntesten Vertretern der mehligen Kartoffeln zählen die Sorten Aula, Datura und Irmgard.

Allein diese kleine Auflistung zeigt schon, wie vielfältig das Angebot an Kartoffelsorten ist. Natürlich gibt es regional noch eine ganze Anzahl Kartoffelsorten, denn die Geschmäcker sind ja je nach Region unterschiedlich. So werden zum Beispiel in Süddeutschland eher die mehligkochenden Kartoffelsorten, im Norden die festkochenden bevorzugt.

Die Kartoffeln nach Handelsklassen

Seit 1985 gibt es eine Verordnung über gesetzliche Handelsklassen für Speisekartoffeln, an der gleich drei Ministerien beteiligt waren („Ernährung, Landwirtschaft und Forsten“, „Wirtschaft“ und „Jugend Familie und Gesundheit“). Kartoffeln, die nicht direkt beim Bauern oder auf Wochenmärkten gekauft werden, müssen mit der Verkehrsbezeichnung auch Handelsklasse, Sortenbezeichnung und Kochtyp ausweisen. Diese Deklarationspflicht gilt auch dann, wenn sie unverpackt angeboten werden. Grundsätzlich dürfen nur solche Kartoffeln gehandelt werden, die vorschriftsmäßig „gesund, ganz, sauber, fest“ und insbesondere „frei von Fehlern, Mängeln und Krankheiten“ und in einem verbindlichen Katalog exakt definiert sind.

Die Handelsklassen sind gesetzlich so definiert: Klasse extra, Klasse I und sogenannte Drillinge. Als Drillinge werden jene Kartoffeln bezeichnet, die nicht das standardisierte Gardemaß von 25 bis 40 Millimeter Durchmesser aufweisen können. Eine Handelsklassenbezeichung gibt es für diese Sortierung nicht.

Die Kartoffeln - botanisch gesehen

Die Kartoffel, lateinisch „Solanum tuberosum", gehört zur Familie der Nachtschattengewächse wie Tomate, Paprika oder Aubergine. Die grüne Staude trägt reichlich Blüten, deren Farbskala von weiß über rosa und blau bis violett reicht. Aus diesen Blüten entwickeln sich beerengroße Früchte, die jedoch nicht eßbar sind; die giftigen grünen „Kartoffeläpfel" enthalten etwa 1000 Samenkörner, aus denen die Wissenschaft versucht, neue Kartoffelsorten herauszumendeln. Der eßbare Teil der Kartoffelstaude steckt im Boden. An unterirdischen Seitenzweigen bilden sich Verdickungen, die Kartoffelknollen. An einer Kartoffelpflanze wachsen – je nach Sorte – 10 bis 25 Knollen. Die Kartoffelknolle besteht aus 4 Schichten: Ganz außen die Korkschicht, darunter die Rindenschicht, in der sich Mineralstoffe, Spurenelemente und das wertvolle Eiweiß befinden, noch tiefer sitzt die Gefäßbündelschicht, die vor allem Zucker enthält und schließlich ganz innen die Markschicht, in der vor allem Vitamine und Stärke stecken.

Für welche Sorten und Arten, Handelsklassen oder Kochtypen Sie sich von Fall zu Fall entscheiden – mit Sicherheit bilden die Kartoffeln eine Bereicherung im Rahmen eines ausgewogenen und anspruchsvollen Speisezettels.

Botanisch gesehen, gehören die Kartoffeln genauso wie Tomaten, Paprika und Auberginen zur Familie der Nachtschattengewächse.

Köstlichkeiten rund um die Kartoffel

Salate

Bunter Kartoffelsalat

1000 g Salatkartoffeln
1 große Gewürzgurke
1 Zwiebel
je 1 Tasse Erbsen und Möhren aus der Dose oder tiefgekühlt
1 hartgekochtes Ei
1 Tomate
1 Bund Radieschen
Schnittlauch

Marinade:
100 g durchwachsener Speck
$^1/_8$ l Fleischbrühe
2–3 EL würziger Essig
3–4 EL Öl
Salz und Pfeffer

Die Kartoffeln in der Schale kochen, pellen und in feine Scheiben schneiden. Gewürzgurke und Zwiebel fein würfeln und zusammen mit den Kartoffelscheiben, Erbsen und Möhrenscheiben in eine Schüssel geben. Den durchwachsenen Speck würfeln und glasigdünsten. Fleischbrühe, Essig und Öl dazugeben, einmal aufkochen lassen und mit Salz und Pfeffer würzen. Diese pikante Soße über die Zutaten geben, einmal durchmischen und etwa eine halbe Stunde ziehen lassen. Dann nochmals abschmecken, Ist der Kartoffelsalat zu fest, noch heißes Wasser oder Fleischbrühe dazugeben. Mit Ei, Tomaten- und Radieschenscheiben sowie feingeschnittenem Schnittlauch garnieren.

Kartoffelsalat mit Paprika und Wurst

750 g halbmehlige Kartoffeln
1 grüne Paprikaschote
1 Stange Sellerie
250 g Fleischwurst

Salatsauce:
1 Glas Joghurt
½ Glas Mayonnaise (125 g)
4 EL Tomatenketchup
½ TL Salz
½ TL gemahlener weißer Pfeffer
1 Bund Schnittlauch

Die Kartoffeln als Pellkartoffeln kochen, pellen und in feine Würfel schneiden. Die Paprikaschote halbieren, Kerne und Trennwände entfernen, waschen und ebenfalls klein würfeln. Sellerie kleinschneiden, in wenig Salzwasser eine Minute kochen und mit einem Schaumlöffel herausnehmen, abtropfen lassen. Die Fleischwurst pellen und würfeln und zusammen mit den anderen Salatzutaten in eine Schüssel geben. Die Saucenzutaten mit einem Schneebesen verrühren, über den Salat gießen und locker vermischen. Den Salat in eine Schüssel füllen, leicht andrücken und dann auf eine Platte stürzen. Mit Eiachtel, Tomatenachtel gefächerten Gurkenscheiben und Schnittlauch garnieren.

Kartoffelsalat mit Mayonnaise

750 g Salatkartoffeln,
200 g Bratenreste
1 grüne Paprikaschote
2 feste Tomaten
100 g feine Mayonnaise
2 EL Crème fraîche
2 EL Sahne
Zitronensaft, Salz
Cayennepfeffer

Die gewaschenen Kartoffeln als Pellkartoffeln kochen, abgießen, abschrecken, pellen und auskühlen lassen. Inzwischen das Fleisch in dünne Streifen oder Würfel schneiden. Die Paprikaschote halbieren, die Kerne entfernen, abwaschen und in dünne Streifen schneiden. Die gewaschenen Tomaten in Achtel schneiden, dabei von den Stengelansätzen befreien. Nun Kartoffeln in Scheiben schneiden und alles in eine Schüssel geben. Mayonnaise mit Crème fraîche, Sahne oder auch Dosenmilch verrühren. Mit Zitronensaft, Cayennepfeffer und Salz abschmecken. Über den Salat gießen, locker untermischen und etwa eine Stunde ziehen lassen. Dann, wenn nötig, mit Salz und Zitronensaft nachwürzen. – Als Hauptmahlzeit serviert, empfiehlt sich als Beilage Baguette oder Toast.

Party-Kartoffelsalat

750 g Kartoffeln
400 g Fleischwurst
1 Staudensellerie
½ Dose Karotten
1 Glas Perlzwiebeln
150 g tiefgekühlte Erbsen
4 hartgekochte Eier
1 TL Kümmel, 1 TL Salz

Marinade:
⅛ l Weißwein
⅛ l Karottensaft
4–5 EL Weinessig
3–4 EL Öl
1 TL Zucker, 1 TL Senf
1 Zwiebel
1 Bund Petersilie
1 Bund Dill
Pfeffer, Salz

Die mit Kümmel und Salz in der Schale gekochten Kartoffeln pellen, möglichst einen Tag stehen lassen und erst dann in Scheiben schneiden. Den Staudensellerie putzen, waschen und die Stangen in fingerdicke Stücke schneiden. Diese mit den Kartoffeln und den abgetropften Karotten (die Flüssigkeit auffangen), den Perlzwiebeln, den trockenen aufgetauten Erbsen, Fleischwurststreifen und Eierachteln vermischen. Aus Karottensaft, Wein, Essig, Öl, feingewürfelter Zwiebel, Senf, gehackten Kräutern, Zucker, Salz und Pfeffer eine Marinade anrichen, über den Salat gießen und unterheben (Abbildung Seite 26/27).

Ungarischer Salami-Kartoffel-Salat

Die Kartoffeln als Pellkartoffeln kochen, pellen, abkühlen lassen, in Scheiben schneiden. Salami in sehr dünne Streifchen schneiden. Bohnen abtropfen lassen, Gurken fein würfeln, geputzte Paprikaschote in Streifen schneiden, Tomaten achteln, geschälte Zwiebel in Ringe und hartgekochte Eier in Scheiben schneiden. Petersilie fein hacken. Für die Sauce die angegebenen Zutaten gut vermischen und behutsam unter alle Salatzutaten heben.

500 g Kartoffeln
300 g ungarische Salami
100 g Bohnen aus der Dose
2 eingelegte Gurken
1 grüne Paprikaschote
2 Tomaten
1 Zwiebel
2 hartgekochte Eier
1 Bund Petersilie

Marinade:
200 g Salat-Mayonnaise
2 EL scharfer Senf
$^1/_4$ l saure Sahne
2 EL Zitronensaft
1–2 TL Zucker, Salz

Italienischer Kartoffelsalat

Kartoffeln schälen, waschen und in Würfel schneiden. 15–20 Minuten in Salzwasser garkochen. Möhren, Rüben, Bohnen, Sellerie und Erbsen abtropfen lassen. Sellerie würfeln und Bohnen in kleine Stücke schneiden. Tomaten mit heißem Wasser überbrühen, häuten, in Achtel schneiden und Stengelansatz entfernen. Salami würfeln. Alle Zutaten zu den Kartoffeln geben. Die Marinade verrühren und mit Salz, Pfeffer und Zucker abschmecken.

500 g Kartoffeln
je $^1/_2$ kleine Dose gewürfelte Möhren weiße Rüben, grüne Bohnen und Erbsen
100 g Sellerie aus der Dos
150 g Salami
3 große Tomaten

Marinade:
2 EL Mayonnaise
3 EL Dosenmilch
Saft einer halben Zitrone
Salz, weißer Pfeffer
1 Prise Zucker

Kartoffelsalat mit Kaiserfleisch

750 g Kartoffeln
1/8 l klare Fleischbrühe
350 g Kaiserfleisch am Stück
2 Gewürzgurken
1 rote Paprikaschote
1 Bund Schnittlauch
4–5 EL Salatmayonnaise
Salz, Knoblauchpfeffer

Die Kartoffeln als Pellkartoffeln kochen, pellen, auskühlen lassen und in Scheiben schneiden. Fleischbrühe erhitzen und über die Kartoffeln gießen. Kaiserfleisch zunächst in Scheiben, dann in Würfel oder Streifen schneiden. Gewürzgurken zunächst längs in Scheiben, dann in Schrägstreifen oder Würfel schneiden. Paprikaschote vierteln, Kernchen und Trennwände entfernen, waschen, quer in feine Streifen schneiden. Kaiserfleisch und Gewürzgurken sowie Paprikastreifen zu den Kartoffeln geben. Die Salatmayonnaise darunterheben und gut durchziehen lassen. Mit Salz und Knoblauchpfeffer abschmecken. Schnittlauch waschen, feinschneiden und untermischen.

500 g Kartoffeln
200 g Bierwurst
2 kleine Stangen Lauch
150 g eingelegte rote Paprikaschoten (aus dem Glas)
1/4 l Kartoffelsalat-Sauce (nach Geschmack, Fertigsauce)
evtl. Salz und Pfeffer
1 EL feingehackte Petersilie

Kartoffelsalat „Biergarten"

Die Kartoffeln als Pellkartoffeln kochen, pellen, abkühlen lassen, in Scheiben schneiden. Die Haut von der Bierwurst abziehen, in dünne Scheiben, dann in Streifen schneiden. Den Lauch putzen, waschen, in sehr feine Ringe schneiden. Die Paprikaschoten gut abtropfen lassen, in feine Streifen schneiden, Kartoffelsalat-Sauce unter die Zutaten heben, gut durchziehen lassen. Vor dem Servieren den Salat evtl. mit Salz und Pfeffer abschmecken und mit Petersilie bestreuen.

Kartoffelsalat mit Dillsahne

750 g Salatkartoffeln
1/8 l Hühnerbrühe
1 säuerlicher Apfel
1 Zwiebel
1/2 Salatgurke
2 Bund Dill
100 g Crème fraîche
4 EL Sahne
4 EL Mayonnaise
Zitronensaft
Salz, weißer Pfeffer
1/2 Kopfsalat als Garnierung

Die Kartoffeln am Vortag als Pellkartoffeln kochen, abgießen, abschrecken, pellen und zugedeckt kühlstellen. Am nächsten Tag die Kartoffeln in Scheiben schneiden. Die heiße Hühnerbrühe über die Kartoffeln gießen. Apfel schälen, entkernen und in kleine Würfel schneiden. Die Salatgurke gut abwaschen und ebenfalls in Würfel schneiden. Zwiebel und Dill fein hacken. Zutaten zu den Kartoffeln geben und gut mischen. Für die Marinade Crème fraîche mit Sahne, Mayonnaise, Salz, Pfeffer, Zucker und Zitronensaft verrühren, kräftig abschmecken und über den Salat geben. Alles nochmals gründlich mischen. Den Kopfsalat zerpflücken, waschen, trockenschleudern und eine Schüssel damit auslegen. Den Salat hineingeben und servieren.

Kartoffelsalat mit Schinken

750 g Kartoffeln
250 g gekochter Schinken
1 Salatgurke
100 g rohe Möhren
2 Zwiebeln
150 g Mayonnaise
1 Becher Joghurt
Tobasco
Zitronensaft
Salz, Pfeffer
1 Prise Zucker

Die Kartoffeln als Pellkartoffeln kochen, abkühlen lassen, pellen und in Scheiben schneiden. Den gekochten Schinken in Streifen schneiden. Die Salatgurke waschen und mit der Schale in dünne Streifen hobeln. Die geputzten Möhren raspeln, die geschälten Zwiebeln würfeln und alles zusammen in eine Schüssel geben. Die Mayonnaise mit dem Joghurt verrühren und mit Salz, Pfeffer, wenig Tobasco, Zitronensaft und Zucker abschmecken. Die Marinade über den Salat geben und vorsichtig vermischen. Gut durchziehen lassen und eventuell nochmals abschmecken.

Einfacher Kartoffelsalat

1000 g Salatkartoffeln
1/8 l heiße Fleischbrühe
3 EL Öl, 4 EL Weinessig
1 TL Senf
1 Zwiebel
1 Bund Petersilie
1 Prise Zucker
Salz, Pfeffer

Garnierung:
Petersilie
1 hartgekochtes Ei
1 Tomate

Für Kartoffelsalat kennt fast jede Landschaft ein eigenes Rezept – mit saurer Sahne, Essig, Mayonnaise, gebratenem Speck oder gewürfeltem Salzhering, kalt oder warm. Dieser Kartoffelsalat ist einfach, aber trotzdem schmackhaft.

Die gewaschenen Kartoffeln als Pellkartoffeln kochen, abgießen, abschrecken, pellen und abkühlen lassen. Kartoffeln in Scheiben schneiden, in eine Schüssel geben und mit der heißen Fleischbrühe übergießen. Für die Marinade Öl, Essig, Salz, Pfeffer, Zucker und Senf gut vermischen. Zwiebel schälen und in feine Würfel schneiden. Petersilie abspülen, trockentupfen und hacken. Beides über die Kartoffeln streuen und mit der Marinade begießen. Die Salatsoße vorsichtig unterheben. Den Salat eine Stunde zugedeckt im Kühlschrank ziehen lassen. Vor dem Servieren eventuell nachwürzen. Petersilie abspülen, trockentupfen und in Sträußchen zerpflücken. Ei schälen, in Sechstel teilen. Tomate waschen, Stengelansatz entfernen und achteln. Salat mit Petersilie, Ei und Tomate garnieren.

Wer den Salat etwas deftiger anrichten möchte, der kann ihn mit 2 Paar Wiener Würstchen, in feine Scheiben geschnitten, „aufwerten".

Kartoffelsalat „Seevagabund“

500 g Kartoffeln
6 Matjesfilets
1 Zwiebel
1 Apfel
2 Gewürzgurken
200 g Rote Beete (aus dem Glas)
$\frac{1}{4}$ l Kartoffelsalat-Sauce
evtl. Salz und Pfeffer
2 harte Eier
Petersiliensträußchen

Die Kartoffeln als Pellkartoffeln kochen, pellen, abkühlen lassen, in feine Würfel schneiden. Die Matjesfilets nach Bedarf wässern, in feine Streifen oder Würfel schneiden. Die Zwiebel schälen, in feine Würfel schneiden. Den Apfel achteln, schälen, das Kernhaus entfernen und ebenso wie die Gewürzgurken in kleine Würfel schneiden. Rote Beete gut abtropfen lassen, nach Bedarf nochmals zerkleinern. Kartoffelsalat-Sauce unter die Zutaten heben, gut durchziehen lassen (ca. eine Stunde). Vor dem Servieren den Kartoffelsalat evtl. mit Salz und Pfeffer abschmecken, in eine Schüssel füllen, mit Eivierteln und Petersiliensträußchen garnieren.

Pommerscher Kartoffelsalat

1000 g Kartoffeln
2 Salzgurken
200 g durchwachsener Speck
2 Zwiebeln
8–9 EL Kräuteressig
2 EL Öl
Salz, Pfeffer, Zucker
1 Tasse Wasser

Kartoffeln am Vortag als Pellkartoffeln kochen. Dann pellen und mit den Salzgurken in dünne Scheiben schneiden. Die geschälten Zwiebeln feinhacken. Alles mischen und mit Essig und den Gewürzen abschmecken. Speck würfeln, Öl in einer Pfanne erhitzen und den Speck darin auslassen. Mit Wasser ablöschen und über den Salat geben. Alles gut vermischen und eventuell nochmals abschmecken.

Kartoffelsalat mit Zunge

1000 g Kartoffeln
250 g gekochte Zunge
1 Bund Radieschen
100 g Staudensellerie
$\frac{1}{4}$ l Weißwein
6 EL Öl
7 EL Weinessig
Dillspitzen
1 TL Zucker
1 EL Schnittlauch
Salz, Pfeffer

Die Kartoffeln als Pellkartoffeln kochen, abkühlen lassen, pellen und in dünne Scheiben schneiden. Radieschen und Staudensellerie waschen und in schmale Stücke, Zunge in Streifen schneiden. Aus den übrigen Zutaten eine Marinade verrühren und über die Salatzutaten gießen, vorsichtig vermischen und gut durchziehen lassen.

Kräuter-Kartoffelsalat

1000 g Salatkartoffeln
1 Bund Radieschen
je 2 EL Dill, Schnittlauch und Salatkresse
1 EL Petersilie
je $\frac{1}{2}$ TL Zitronenmelisse und Pimpinelle
1 Gewürzgurke

Marinade:
1 Zwiebel
4 EL ÖL,
1 TL Weinessig
1 TL Senf, 1 Knoblauchzehe, Salz, Pfeffer

Die Kartoffeln am Vortag als Pellkartoffeln kochen. Dann pellen und in Scheiben schneiden. In einer Schüssel Sauce mit Öl, Essig, Senf, geriebener Zwiebel, zerdrückter Knoblauchzehe, Salz und Pfeffer herstellen. Radieschen und Gurke in kleine Würfel schneiden, Kräuter klein hacken und alles zur Sauce geben. Zum Schluß Kartoffeln hinzufügen und gut durchmischen. Eine Stunde im Kühlschrank ziehen lassen und eventuell nachwürzen.

Kartoffelsalat Olivier

500 festkochende Kartoffeln
2 ganze Hühnerbrüste
1 große Zwiebel
1 Karotte
1 Selleriestück
2 hartgekochte Eier
$\frac{1}{2}$ Tasse Dillgurken
2 EL Kapern
2 große Tomaten

Marinade:
1 EL Dill
1 EL Senf
2 EL Sahne
2 EL Mayonnaise
2 EL Joghurt
Salz, Pfeffer

Dekoration:
1 kleiner Kopfsalat
8 Oliven

Die Kartoffeln möglichst schon am Vortag als Pellkartoffeln kochen. In einem Topf Wasser zum Kochen bringen. Zwiebel, Karotte, Selleriestück und die Hühnerbrüste hineinlegen und ca. 20 Minuten köcheln lassen. Brüstchen herausnehmen und beiseite stellen. Inzwischen Kartoffeln pellen und in Scheiben schneiden. Zwiebel, Karotte sowie das Selleriestück in kleine Würfel, Eier in Scheiben schneiden. Die Tomaten überbrühen, häuten und achteln. Die Dillgurken in kleine Würfel schneiden und die Kapern kleinhacken. Von den Hühnerbrüstchen die Haut abziehen, von den Knochen befreien und in Würfel schneiden. Alle Zutaten in eine Schüssel geben. Eine Marinade mit Sahne, Mayonnaise, Joghurt, Dill, Senf, Salz und Pfeffer herstellen. Über den Salat geben und vorsichtig mischen, mindestens eine Stunde in den Kühlschrank stellen und ziehen lassen. Salatblätter auf einer großen Servierplatte fächerartig anordnen. Den Kartoffelsalat draufsetzen und zu einer Pyramide formen. Mit ganzen Kapern, Oliven und Tomatenscheiben dekorieren.

Kartoffelsalat mit Mais

750 g Salatkartoffeln
1 Dose Mais
1 Tasse Hühnerbrühe
2 Zwiebeln
1 großer Apfel
$^1/_2$ Salatgurke
1 Gewürzgurke
je 1 Bund Petersilie und Dill

Die Kartoffeln waschen, in der Schale kochen, abschrecken und noch heiß in Scheiben schneiden. Die Zwiebeln ganz fein hacken und mit den Kartoffeln mischen. Die heiße Hühnerbrühe darübergießen und das ganze abkühlen lassen. Inzwischen den Apfel waschen, entkernen und fein würfeln. Die Salat- und Gewürzgurke in dünne Stifte schneiden. Den Mais gut abtropfen lassen. Die Kräuter abbrausen, trockenschwenken und hacken. Alles unter die Kartoffeln mischen. Das Eigelb mit dem Essig verrühren, dann das Öl tröpfchenweise unter Umrühren dazugeben und die Soße mit Salz, Pfeffer und Zucker abschmecken. Über den Salat gießen, vorsichtig untermischen und zirka 1 Stunde ziehen lassen. Am besten schmeckt dieser Salat zu Grillfleisch oder Frikadellen.

Marinade:
1 Eigelb
6 EL Öl, 4 EL Essig
1 Prise Zucker
Salz, Pfeffer

Bayerischer Kartoffelsalat

750 g Kartoffeln
1 Salatgurke (ca. 450 g)
1 Zwiebel
100 g Joghurt
2–3 EL Öl
3–4 EL Essig
2 Bund Dill

Die Kartoffeln als Pellkartoffeln kochen, pellen, abkühlen lassen und in Scheiben schneiden. Die Salatgurke waschen, feinhobeln und mit etwas Salz gesondert ziehen lassen. Die Zwiebel schälen, in feine Würfel schneiden. Joghurt mit Essig und Öl verrühren und die Marinade kräftig mit Salz und Pfeffer abschmecken. Die abgetropfte Gurke sowie die Sauce unter die Zutaten heben, den Salat durchziehen lassen. Vor dem Servieren den Dill waschen, fein schneiden und daruntermischen. Nach Bedarf den Salat nachschmecken.

Dieser Kartoffelsalat sollte nicht zu lange stehen, da die Gurke schnell weitere Flüssigkeit abgibt (auch für Diät geeignet!).

Kartoffelsalat Südfrankreich

750 g Kartoffeln
1 kleine Dose Prinzeßbohnen
4 Tomaten
1 Glas Kapern
6 grüne gefüllte Oliven
6 schwarze Oliven
4 Sardellenfilets
Salz

Marinade:
4–5 EL Öl
2–3 EL Essig
Salz, weißer Pfeffer
1 Prise Zucker

Kartoffeln schälen, waschen und in Würfel schneiden. 15–20 Minuten in Salzwasser kochen. Tomaten mit kochendem Wasser übergießen, häuten, vierteln. Stengelansätze entfernen und entkernen. Bohnen, Kapern und Oliven abtropfen lassen. Schwarze Oliven entsteinen, grüne halbieren. Sardellenfilets abspülen und trockentupfen, in Streifen schneiden. Für die Marinade Öl, Essig, Salz, Pfeffer und Zucker in einer Schüssel verrühren. Bohnen, Tomatenviertel und abgetropfte Kartoffeln mit der Hälfte der Kapern, Oliven und Sardellenfilets eine Stunde in der Marinade durchziehen lassen. Vor dem Servieren die restlichen Oliven, Kapern und Sardellen über den Salat streuen.

Kartoffelsalat mit Spargel

500 g Kartoffeln
500 g Spargel
2 EL Mayonnaise
½ Zitrone
1 TL Senf
Salz, Pfeffer

Garnierung:
1 Kopfsalat
1 hartgekochtes Ei
Petersilie

Die Kartoffeln als Pellkartoffeln kochen, abkühlen lassen, pellen und in feine Scheiben schneiden. Den Spargel schälen, 20 Minuten garen, erkalten lassen und in Stücke schneiden. Mit den Kartoffeln vorsichtig mischen. Aus Mayonnaise, Zitronensaft, etwas Spargelwasser, Senf sowie Salz und Pfeffer eine Marinade herstellen und über den Salat geben. Vorsichtig unterheben. 15 Minuten ziehen lassen. Abschmecken und auf Salatblättern in einer Schüssel anrichten, mit gehacktem Ei und Petersilie bestreut servieren.

Kartoffelsalat mit Rote Beete

750 g halbmehlige Kartoffeln
100 g gekochte Rote Beete
3 Essiggurken
1 mittelgroßer Apfel
1 mittelgroße Zwiebel
1 EL Kapern
1 Bund Dill

Salatsauace:
½ Glas Yoghurtdressing
3 EL Sahne
1 gestr. TL Salz
½ TL gemahl. weißer Pfeffer
Selleriesalz

Die Kartoffeln als Pellkartoffeln kochen, auskühlen lassen, pellen und in Scheiben schneiden. Die Rote Beete, Essiggurken und den heiß gewaschenen Apfel fein würfeln. Zwiebel schälen und fein hacken. Die Kapern etwas zerkleinern, den Dill mit der Schere kleinschneiden. Alles in eine Schüssel geben. Das Salatdressing mit Sahne, Salz, Pfeffer und Selleriesalz verrühren, über den Salat geben und locker vermengen. Den Salat auf einer Platte anrichten und – wenn gewünscht, mit Bismarckheringen oder Sild garniert – servieren.

Suppen und Eintöpfe

Hamburger Kartoffelsuppe

1000 g Kartoffeln
$1\frac{1}{2}$ l Fleischbrühe
100 g durchwachsener Speck
1 große Zwiebel

Geschälte Kartoffeln in nicht zu kleine Würfel schneiden und zusammen mit der Fleischbrühe ca. 20 Minuten kochen lassen (Kartoffeln sollen nicht zu weich sein). Die Hälfte der Kartoffelwürfel mit dem Schaumlöffel herausnehmen. Die restlichen mit der Brühe durch ein Sieb streichen. Durchwachsenen Speck und Zwiebel feinwürfeln, glasigdünsten. Zusammen mit der sauren Sahne zu der Kartoffelsuppe geben, gut durchrühren. Mit Salz, Majoran und geriebener Muskatnuß würzen. Die restlichen Kartoffelwürfel und Rindswürstchen in die Kartoffelsuppe geben, noch 10 Minuten ziehen lassen. Schnittlauch feinschneiden, kurz vor dem Servieren darüberstreuen.

$\frac{1}{2}$ Becher saure Sahne
Majoran, Salz
geriebene Muskatnuß
1 Bund Schnittlauch
4 Rindswürstchen oder 300 g gekochtes Rindfleisch in feine Streifen geschnitten

Galizischer Kartoffeltopf

1000 g kleine Kartoffeln
300 g spanische Knoblauchwurst oder Debrecziner
2 Zwiebeln
3 EL Olivenöl
1/4 l Fleischbrühe
1/4 l trockener Rotwein
schwarzer Pfeffer
1 Bund Schnittlauch
Salz

Kartoffeln waschen, schälen und vierteln. Die Knoblauchwurst in Scheiben schneiden, die Zwiebeln schälen, hacken und in dem Öl glasigbraten. Die Wurst dazugeben und kurz mitbraten lassen. Die Kartoffelstücke dazugeben, mit der Fleischbrühe und dem Rotwein auffüllen und alles zugedeckt etwa 20–25 Minuten bei nicht zu starker Hitze garen. Den Eintopf mit Pfeffer und eventuell Salz abschmecken. In eine vorgewärmte Terrine füllen und mit Schnittlauch bestreut servieren.

Ungarische Kartoffelsuppe

1000 g Kartoffeln
1 l Fleischbrühe
3 Paprikaschoten
2 Chilischoten
4 Kabanossi
250 g Hackfleisch
2 TL Paprika edelsüß
2 EL Öl
1 Bund Petersilie
5 EL geschlagene Sahne
Salz, weißer Pfeffer

Die Kartoffeln schälen, vierteln und in Salzwasser 15–20 Minuten kochen. Das Wasser abgießen, die Kartoffeln grob zerstampfen und die Fleischbrühe zugießen. Paprika- und Chilischoten waschen, entkernen und in kleine Streifen schneiden. Die Kabanossi in Scheiben schneiden und zusammen mit den Paprika- und Chilischoten in die Suppe geben. 5 Minuten köcheln lassen. Das Hackfleisch mit Salz, Pfeffer und Paprika würzen und walnußgroße Bällchen formen, in der Pfanne goldgelb braten, dann in die Suppe geben. Zum Schluß die Suppe nochmals abschmecken. Vor dem Servieren mit gehackter Petersilie bestreuen und der Suppe Sahnehäubchen aufsetzen. Wer es gerne pikant mag, der kann mit Cayennepfeffer nachwürzen!

Spanische Kartoffelsuppe

750 g Kartoffeln
1/2 l Tomatensaft
250 g Möhren
2 Zwiebeln
1 Knoblauchzehe
1 Bund Petersilie
3/4 l kräftige Fleischbrühe
4 EL Olivenöl
Salz, schwarzer Pfeffer
4 Scheiben Weißbrot
100 g gefüllte grüne Oliven

Die Kartoffeln waschen, schälen und würfeln, ebenso die geputzten Möhren würfeln. Dann die Zwiebeln und Knoblauchzehe sowie die gewaschene, trockengetupfte Petersilie hakken. Die Hälfte des Öls in einem Topf erhitzen. Die Hälfte der Petersilie, die Zwiebeln und die Knoblauchzehe darin glasig braten. Kartoffeln und Möhren dazugeben und das ganze mit Fleischbrühe und Tomatensaft aufgießen. 20–25 Minuten köcheln lassen. Mit Salz und Pfeffer abschmecken. Das Weißbrot in Würfel schneiden und im restlichen Olivenöl goldbraun rösten. Nebenbei die Oliven in Scheiben schneiden und 5 Minuten vor Ende der Garzeit in die Suppe geben. Die Suppe mit Weißbrotwürfeln und der restlichen Petersilie bestreut servieren.

Echtes Irish Stew

Fleisch in mundgerechte Würfel, die gewaschenen, geschälten Kartoffeln in Scheiben und die geschälten Zwiebeln in Ringe schneiden. Alles lagenweise in einen großen Topf schichten und jeweils mit etwas Salz, Pfeffer und Thymian bestreuen. So viel Fleischbrühe angießen, daß die oberste Schicht bedeckt ist. Den Topf gut schließen und das Gericht bei mittlerer Hitze in $1\frac{1}{2}$ Stunden langsam garen lassen. Dabei hin und wieder die Flüssigkeit kontrollieren und wenn nötig etwas Wasser angießen. Das fertige Gericht in eine vorgewärmte Terrine füllen, mit Petersilie bestreuen und rasch servieren.

1000 g Kartoffeln
600 g Lammfleisch (Schulter)
600 g Zwiebeln
1 TL Thymian
$\frac{1}{2}$ l Fleischbrühe
1 EL gehackte Petersilie
Salz, schwarzer Pfeffer

Kartoffel-Feuertopf

750 g Kartoffeln
250 g grüne Paprikaschoten
2 Möhren
$^1/_4$ Sellerieknolle
500 g Zwiebeln
50 g fetter Räucherspeck
2 Schachteln tiefgekühltes Suppengrün
$1^1/_2$ l Fleischbrühe
Thymian
$^1/_2$ Becher saure Sahne
Salz, Cayennepfeffer
4 Kochwürste

Kartoffeln schälen, waschen und würfeln. Paprikaschoten putzen, waschen, Stiel, Kerne und weiße Teile entfernen, in Streifen schneiden. Möhren und Sellerie schälen und in Scheiben schneiden. Zwiebeln schälen und würfeln. Speck ebenfalls würfeln und im Suppentopf auslassen. Zwiebelwürfel dazugeben und hellgelb braten, Mit heißer Fleischbrühe ablöschen. Vorbereitetes Gemüse und Kartoffeln zugeben, ebenso Suppengrün und Gewürze. Alles 30 Minuten kochen. 10 Minuten vor Ende der Garzeit in Scheiben geschnittene Wurst zugeben. Nochmals abschmecken und zuletzt die saure Sahne unterziehen.

Französischer Kartoffeltopf

750 g Kartoffeln
300 g Schweinefleisch
200 g durchwachsener Speck
1 Kopf Wirsing
3 Zwiebeln
50 g Schweineschmalz
$^1/_4$ l Wasser
1 Knoblauchzehe
50 g geriebener Parmesankäse
1 Bund Petersilie
3 Tomaten
Salz, weißer Pfeffer

Vom Kohl die welken äußeren Blätter abschneiden, Kohl vierteln, Strunk entfernen, waschen und abtropfen lassen. Anschließend hobeln oder feinschneiden. Eine Zwiebel in Scheiben schneiden, den Rest würfeln. Schweineschmalz in einem Topf erhitzen, Zwiebelscheiben und den Kohl hineingeben, zugedeckt ca. 10 Minuten dünsten, salzen und pfeffern. Nun Wasser in einem Topf erhitzen, Zwiebelwürfel und die geschälte, mit Salz zerdrückte Knoblauchzehe hineingeben. 10 Minuten zugedeckt kochen. Kartoffeln schälen, waschen und in dünne Scheiben schneiden. Fleisch waschen und trockentupfen. Fleisch und Speck in Würfel schneiden. Die Hälfte des vorgekochten Kohls in eine feuerfeste Form geben, Kartoffelscheiben darauf verteilen und mit Salz bestreuen. Fleisch- und Speckwürfel dazugeben, das Ganze mit dem restlichen Kohl bedecken. Den Sud aus Zwiebeln und Knoblauch durchseihen und über das Gericht gießen. Nun alles mit dem Parmesankäse bestreuen und ca. 35 Minuten im Backrohr garen.

Peruanischer Kartoffeltopf

500 g kleine Kartoffeln
500 g Kalbfleisch (Nuß)
2 Zwiebeln
100 g durchwachsener Speck
250 g frische Champignon
1 Dose rote Indianerbohnen (Kidney-Bohnen)
1 Dose Mais
2 Knoblauchzehen
2 TL Tomatenmark
$^1/_4$ TL frischer Salbei
1 TL Butter
etwas Fleischbrühe
Salz, Cayennepfeffer und Pfeffer

Die Kartoffeln in der Schale kochen, abschrecken, pellen und in Viertel schneiden. Speck und Zwiebeln in kleine Würfel schneiden und in Butter dünsten, das in Streifen geschnittene Fleisch, die durchgepreßte Knoblauchzehe und Salbei dazugeben und gut durchbraten, Kurz vor Ende der Garzeit Mais, Indianerbohnen, Tomatenmark und Kartoffeln dazugeben, mit etwas Fleischbrühe aufgießen und mit Cayennepfeffer, Salz und Pfeffer abschmecken. Etwa 10 Minuten auf kleiner Flamme köcheln lassen. Kurz vor dem Servieren die klein geschnittenen Pilze dazugeben, umrühren, kurz durchziehen lassen und anrichten.

Kartoffel-Paprikasch

1000 g Kartoffeln
300 g Schweinefleisch
je 1 grüne und rote Paprikaschote
1 große Zwiebel
50 g Margarine
1 TL Paprikapulver edelsüß
3/4 l heiße Rindsbrühe
1 Prise Cayennepfeffer
Thymian
Salz
schwarzer Pfeffer
gemahlener Kümmel

Die Paprikaschoten waschen, abtrocknen, halbieren, Stiel, Kerne und weiße Teile entfernen und in grobe Streifen schneiden. Das Schweinefleisch würfeln. Die Zwiebel schälen und kleinwürfeln. Die Kartoffeln schälen und vierteln. Die Margarine erhitzen, darin das Fleisch rundum kräftig anbraten, die Zwiebel, die Kartoffeln und die Paprikaschoten zugeben und kurz mit anbraten. Mit dem Paprika bestäuben und mit der Brühe aufgießen. Würzen und zugedeckt bei mäßiger Hitze ca. 45 Minuten kochen. Je nach Geschmack pikant abschmecken.

Kartoffelsuppe „nouvelle cuisine"

300 g festkochende Kartoffeln
1 Zwiebel
$^3/_4$ l Rinderbrühe
$^1/_8$ l Sahne
1 EL Butter
100 g frischer Blattspinat
Salz, Pfeffer
Muskatnuß

Kartoffeln schälen, waschen und in Würfel schneiden. Zwiebel ebenfalls würfeln und in Butter glasigdünsten. Kartoffeln dazugeben mit Fleischbrühe aufgießen, ca. 15 Minuten kochen lassen. Spinat waschen, Stiele entfernen, in Streifen schneiden, in 4 Tassen füllen und mit etwas Muskatnuß bestreuen. Kartoffeln und Zwiebeln abgießen, dabei die Brühe abfangen, im Mixer pürieren und die Brühe sowie die Sahne wieder zufügen. Die Suppe erhitzen (sie darf nicht kochen) und mit Salz und Pfeffer abschmecken. Suppe auf den Spinat in die Tassen füllen.

Altenwerder Kartoffelsuppe

1000 g Kartoffeln
1000 g Aal (oder fingerdicke Suppenaale)
Saft einer halben Zitrone
1 Bund Suppengrün
1 Zwiebel
3 Gewürzkörner
1 Lorbeerblatt
1 Brühwürfel
Essig, Senf
1 Bund Petersilie
1 EL Butter
Salz

Kartoffeln schälen und würfeln. Aal ausnehmen, putzen und häuten. In Stücke schneiden, mit Zitronensaft beträufeln, leicht salzen. Kartoffeln, geputztes und zerkleinertes Suppengrün, in dünne Scheiben geschnittene Zwiebel, Gewürzkörner, Lorbeerblatt und Brühwürfel mit Wasser 10 Minuten kochen lassen. Dann die Aalstücke dazugeben und die Suppe gut 20 Minuten weiter ziehen lassen. Mit Essig und Senf würzen. Als Garnierung empfehlen wir Petersilienbutter.

Berliner Kartoffelsuppe

750 g Kartoffeln
500 g Suppenfleisch
2 l Wasser
1 Bund Suppengrün
1 Prise Muskatnuß
$^1/_2$ TL getrockneter Majoran oder
1 TL frischen Majoran
50 g geräucherter Speck
2 Zwiebeln
je $^1/_2$ Bund Petersilie und Kerbel
Salz, weißer Pfeffer

Das Rindfleisch in Wasser mit einem Teelöffel Salz 90 Minuten zugedeckt kochen lassen. Nach 30 Minuten abschäumen und das geputzte, gewaschene und kleingeschnittene Suppengrün dazugeben. Nun die Kartoffeln schälen, waschen, abtrocknen und in 2 Zentimeter große Würfel schneiden. 30 Minuten vor Ende der Garzeit in den Topf geben. Fleisch herausnehmen und auf einem Brett etwas abkühlen lassen. Die Suppe

soll jetzt sämig sein. Wenn die Kartoffeln nicht ganz zerkocht sind, mit einem Schneebesen oder im Mixer pürieren. Das Fleisch in Würfel schneiden und wieder in die Suppe geben. Mit Pfeffer, Muskat, Majoran und etwas Salz abschmecken. Warmstellen. Speck fein würfeln und in einer Pfanne auslassen. Dann die geschälten, gewürfelten Zwiebeln zufügen und alles knusprig braten. Petersilie und Kerbel abspülen, trockentupfen und hacken. Suppe in eine Terrine füllen. Kurz vor dem Servieren Speck, Zwiebeln, Petersilie und Kerbel darüberstreuen.

Einfache Kartoffelsuppe

500 g Kartoffeln
1 Stange Porree
50 g geräuchter, fetter Speck
1 l heiße Fleischbrühe
1 Zwiebel
1 Möhre
1 TL Salz, weißer Pfeffer aus der Mühle
1 Prise Majoran
geröstete Weißbrotwürfel zum Garnieren
1 Bund Petersilie

Die Kartoffeln schälen, waschen und in einer Schüssel mit Wasser bedeckt zur Seite stellen. Die Zwiebel schälen und feinhacken. Den Porree putzen, waschen und in Ringe schneiden. Den Speck kleinwürfeln, in einem Topf auslassen und fünf Minuten glasig dünsten. Die Fleischbrühe darübergießen und mit Salz und Pfeffer würzen. Die Kartoffeln in Würfel schneiden und dazugeben. Die Möhre putzen, waschen, kleinschneiden und ebenfalls in die Suppe geben. 45 Minuten köcheln lassen. Zum Schluß die gerösteten Weißbrotwürfel darübergeben und mit der Petersilie bestreut servieren.

Kartoffelsuppe mit Kasseler

750 g Kartoffeln
500 g geräuchertes Kasseler
1 1/2 l Fleischbrühe
1 Bund Suppengemüse
2 Lauchstangen
1/4 TL Majoran
1/8 l süße Sahne
3 EL Butter
1 Zwiebel
1 EL Petersilie
1 TL Salz
1/2 TL Pfeffer
4 Toastbrotscheiben

Das Kasseler kurz unter kaltem Wasser abspülen, in einen großen Topf geben, die heiße Fleischbrühe darübergießen und 30 Minuten zugedeckt kochen lassen. Das Suppengemüse und die Lauchstangen putzen, waschen und klein- bzw. in Ringe schneiden. Die Kartoffeln schälen, in kaltem Wasser waschen und in Würfel schneiden. Alles zu dem Kasseler in den Topf geben und weitere 30 Minuten kochen lassen. Das Kasseler herausnehmen, auf einem Brett etwas abkühlen lassen und danach in Streifen schneiden. Die Kartoffeln und das Gemüse in den Mixer geben und pürieren. Das ganze wieder in den Topf zurückschütten. Mit Salz, Pfeffer und Majoran würzen. Die Sahne einrühren und abschmecken. Die Butter in einer Pfanne zerlassen. Die Zwiebel schälen und kleinschneiden. Das Toastbrot kleinwürfeln und in der Butter rösten. Die Kartoffelsuppe in vorgewärmten Tellern anrichten. Die gerösteten Zwiebelringe und Toastbrotwürfel darübergeben und mit Petersilie bestreut servieren.

Kartoffel-Gurkenkaltschale

350 g festkochende Kartoffeln
1 Salatgurke
1 Zwiebel
25 g Butter
1/2 l Hühnerbrühe
4 EL Sahne
1 EL Petersilie
1/8 l Milch
2 EL frische Kresse
Salz, Pfeffer

Kartoffeln schälen, waschen und in Scheiben schneiden. Salatgurke und Zwiebel in kleine Würfel schneiden. Zwiebel in Butter goldgelb dünsten. Kartoffeln und Gurkenstücke dazugeben, mit Salz und Pfeffer würzen und mit Hühnerbrühe aufgießen. Suppe kurz aufkochen lassen und dann weiter auf kleiner Flamme köcheln lassen bis das Gemüse gar ist. Die Suppe durch ein Sieb passieren und zurück in den Topf geben. Die Milch hinzufügen und unter Rühren zum Kochen bringen. Sahne dazugeben und kalt werden lassen. Kurz vor dem Servieren die kleingeschnittene Kresse unterziehen und mit Petersilie bestreuen.

Grüne Kartoffelsuppe

1000 g mehlige Kartoffeln
1 großer Bund gemischte Kräuter
je 50 g Sauerampfer und Zitronenmelisse
1 Zwiebel
50 g Butter
1½ l kräftige Hühnerbrühe
1 Becher Sahne
Salz, schwarzer Pfeffer
1 Prise Zucker

Die gewaschenen Kartoffeln schälen und in Würfel schneiden. Die Kräuter wie auch Sauerampfer und Zitronenmelisse abspülen, trockentupfen und feinhacken. Die geschälte Zwiebel ebenfalls hacken. Von den Kräutern ein Drittel beiseite stellen. Die Butter in einem großen Topf erhitzen. Kartoffeln, Kräuter und Zwiebeln darin unter Rühren andünsten, bis die Zwiebeln glasig sind. Dann mit Hühnerbrühe auffüllen und zugedeckt 30 Minuten köcheln lassen. Die etwas abgekühlte Suppe im Mixer pürieren. Die Hälfte der Sahne mit der Suppe verrühren und mit Pfeffer, Salz und Zucker abschmecken. Die restliche Sahne steifschlagen. Die heiße Suppe in eine vorgewärmte Terrine füllen und die Schlagsahne vorsichtig unterziehen. Die Suppe mit den restlichen Kräutern bestreuen und servieren. Als Beilage: getoastetes Knoblauchbrot.

Italienische Kartoffelsuppe

500 g Kartoffeln
½ Stengel Lauch
1 Zwiebel, 2 EL Butter
je eine rote und grüne Paprikaschote
2–3 Pepperoni (mild)
3 EL Paprika edelsüß
2 EL Tomatenmark
1½ l Fleischbrühe
1 Becher saure Sahne
4 Scheiben Weißbrot
2 Eigelb
8 EL geriebener Parmesan
4 EL Bier
je ein TL Tymian und Basilikum
Salz, Pfeffer

Kartoffeln waschen, schälen und in Würfel schneiden. Zusammen mit Zwiebel, Paprikaschoten (die Hälfte), Pepperoni und Lauch (jeweils gewürfelt und in kleine Streifen geschnitten) leicht in Butter anschwitzen, bis alles etwas Farbe angenommen hat. Paprikapulver und Tomatenmark dazugeben, ebenso die Kräuter. Das ganze mit Wasser aufgießen und langsam garköcheln. Anschließend durch ein Sieb streichen, mit Brühe und Sahne vermischen und noch etwa zehn Minuten aufkochen lassen. Das zweite Paar Paprikaschoten in Streifen schneiden, der Suppe zugeben und kurz ziehen lassen. Den Parmesankäse mit den Eigelb, etwas Paprikapulver und Bier gut vermischen, auf das Weißbrot streichen und die Scheiben im Backofen kurz überbacken. Dieses Toastbrot zusammen mit der heißen Suppe servieren.

Kartoffelsuppe mit Hackklößchen

500 g Kartoffeln
1 große Zwiebel
1 Stange Lauch
175 g Karotten
175 g Sellerie
1 EL Margarine
1 ½ l heiße Fleischbrühe
1 TL Majoran
Salz, schwarzer Pfeffer

Hackklößchen:
200 g gemischtes Hackfleisch
1 Zwiebel
1 Bund Petersilie
1 Ei
1 EL Semmelbrösel
1 Prise Knoblauchpulver, Salz
schwarzer Pfeffer

Die Kartoffeln schälen und kleinwürfeln. Die Zwiebel schälen und ebenfalls kleinwürfeln. Den Lauch putzen, waschen, abtropfen lassen und in Ringe schneiden. Die Karotten und den Sellerie schälen und kleinschneiden. Die Margarine erhitzen, Zwiebel und Lauch kurz darin andünsten. Mit der Brühe aufgießen, Kartoffeln, Karotten, Sellerie und Gewürze zugeben und zugedeckt ca. 30 Minuten köcheln lassen. Unterdessen die Hackklößchen zubereiten. Die Zwiebel schälen und feinwürfeln. Die Petersilie waschen, gut abtropfen lassen und hacken. Das Hackfleich mit der Zwiebel, der Hälfte der Petersilie, dem Ei, den Semmelbröseln und den Gewürzen vermengen und abschmecken. Aus der Masse walnußgroße Bällchen formen, in kochendes Salzwasser geben und bei schwacher Hitze 15 Minuten garziehen lassen. Die Kartoffelsuppe pürieren, die abgetropften Hackklößchen hineingeben und mit der Petersilie bestreut servieren.

Bremer Labskaus

1000 g Kartoffeln
750 g gepökeltes Rindfleisch
2 Zwiebeln
2 Lorbeerblätter
10 Pfefferkörner
½ l Wasser
2 Bismarckheringe
1 Dose Rote Beete
schwarzer Pfeffer
geriebene Muskatnuß

Das gepöckelte Rindfleisch in große Würfel schneiden, mit geschälten Zwiebeln, Lorbeerblättern und Pfefferkörnern im Wasser aufsetzen, aufkochen und eine Stunde köcheln lassen. Die gewaschenen Kartoffeln als Pellkartoffeln kochen, abgießen, abschrecken, pellen und durch die Presse drücken. Fleisch und Zwiebeln durch den Fleischwolf drehen. Lorbeerblätter und Pfefferkörner aus der Brühe nehmen. Kartoffeln, Fleisch und die zuvor gewässerten, kleingehackten Bismarckheringe sowie feingehackte Rote Beete mischen und mit Brühe zu einem geschmeidigen Brei verrühren. Unter Rühren wieder erwärmen, mit Pfeffer und Muskatnuß abschmecken und auf einer Platte anrichten. Stilecht werden zum Labskaus Spiegeleier und Gewürzgurken serviert.

Kartoffelsuppe mit Seelachs

500 g mehligkochende Kartoffeln
2 große Zwiebeln
400 Seelachsfilet
½ l Milch
½ l Sahne
2 EL Hühnerbrühe
1 TL Butter
1 Bund Petersilie
1 Zitrone
Safran
Wacholderbeeren
Salz, Pfeffer

Kartoffeln schälen und in Würfel schneiden. Milch, Hühnerbrühe, Kartoffeln, geschälte und in Scheiben geschnittene Zwiebeln in einen Topf geben und 15–20 Minuten kochen. Seelachs mit Zitronensaft beträufeln, etwas einziehen lassen, dann den Fisch nebeneinander auf eine Alufolie setzen, mit Zitronenscheibe, Salz, Pfeffer, Wacholderbeeren und Butter belegen. Mit Alufolie gut verschließen. Das Fischpaket in eine Pfanne mit wenig Wasser oder das Backrohr (220 Grad) geben und 15 Minuten dünsten lassen. Die Kartoffel-Zwiebelmasse durch ein feines Sieb streichen. Das Püree langsam unter ständigem Rühren erhitzen. Sahne und Safran zufügen und noch 5 Minuten ziehen lassen. Fisch aus der Alufolie nehmen, in kleine Stücke schneiden und mit dem Fischsud zur Suppe geben. Petersilie untermischen und mit Zitronensaft abschmecken. Als Beilage empfehlen wir frisches Weißbrot.

Knödel und Klöße

Rohe Kartoffelknödel

1500 g Kartoffeln
1/2 l Milch
200 g Grieß
Salz
2 Brötchen
2 EL Butter

Die Kartoffeln schälen, waschen und in eine Schüssel mit Wasser und etwas Essig reiben. Die Kartoffelmasse in einem Leinentuch auspressen. Aus Milch und Grieß einen dicken Brei kochen und mit den Kartoffeln und dem Salz zu einem Teig verarbeiten. Aus dem Teig Klöße formen, in die Mitte jeden Kloßes geröstete Brötchenwürfel geben. Falls der Teig zu weich ist, noch etwas Grieß unterarbeiten. Die Klöße in reichlich Salzwasser legen und im geöffneten Topf 25 Minuten bei schwacher Hitze garziehen lassen. Die fertigen Klöße mit einem Schaumlöffel herausnehmen und abtropfen lassen.

Münchner Kartoffelknödel

1000 g rohe Kartoffeln
350 g gekochte Kartoffeln
1 Ei
1/8 l Milch
Salz
1 Semmel
20 g Butter

Die rohen Kartoffeln reiben, in etwas Essigwasser geben, sofort in ein Leinentuch einschlagen, sehr fest auspressen und sofort mit der kochenden Milch begießen. Die gekochten Kartoffeln reiben und mit den rohen Kartoffeln vermischen, salzen und das Ei unterrühren. Probeknödel kochen, wenn er gut ist mit nassen Händen Knödel formen. In die Mitte einige geröstete Semmelwürfel geben. In kochendes Salzwasser legen, das Wasser wieder zum Kochen bringen und halb geöffnet 25 bis 30 Minuten ziehen lassen.

Kartoffelklöße mit Pilzen

1 Grundrezept rohe Klöße
1 Päckchen getrocknete Steinpilze
1 Zwiebel
1/2 Bund Petersilie
1 TL Butter
Salz, Pfeffer
1 EL Einweichflüssigkeit der Pilze

Pilze 30 Minuten in lauwarmem Wasser einweichen. Inzwischen Zwiebel schälen und hacken, Petersilie waschen, trockenschwenken und ebenfalls feinhacken. Butter in einem Pfännchen erhitzen, Zwiebel darin glasigdünsten. Abgetropfte Pilze zugeben (vorher evtl. etwas zerkleinern) und kurz durchrösten. Petersilie zugeben und das ganze unter Rühren 5 Minuten dünsten. Mit Salz und frisch gemahlenem Pfeffer würzen. Einweichflüssigkeit zugießen und so lange dünsten, bis alle Flüssigkeit verdampft ist. 8 Klöße formen und in die Mitte anteilmäßig die Pilzmasse geben. In kochendes Salzwasser legen, kurz aufkochen lassen und bei schwacher Hitze 20 Minuten ziehen lassen.

Rohe Klöße mit Gänseleberfüllung

1 Grundrezept rohe Kartoffelklöße
1/2 Zwiebel
20 g Butter
150 g Gänseleber
Pfeffer, Salz
Majoran

Zwiebel in Würfel schneiden und in heißer Butter glasig werden lassen. Vorbereitete und in Stücke geschnittene Gänseleber dazugeben und braten. Mit Pfeffer, Salz und Majoran würzen. 8 Klöße formen und in die Mitte anteilmäßig die Gänseleber geben. Klöße in kochendes Salzwasser legen, kurz aufkochen und bei schwacher Hitze 25 Minuten ziehen lassen.

Pfälzer Kartoffelklöße

1000 g Kartoffeln
3 altbackene Brötchen
1/2 l Milch
2 Eier
je 1/2 Bund Petersilie und Kerbel
1 Bund Schnittlauch
Salz
1 1/2 l Salzwasser
40 g Butter

Die Brötchen in Scheiben schneiden und in einer großen Schüssel mit kochender Milch übergießen. Die Kartoffeln schälen, waschen und feinreiben. Auf ein Küchentuch geben und ausdrücken. Mit den Eiern und gehackten Kräutern unter die Brötchen mischen. Alles zu einem glatten, festen Teig verarbeiten und mit Salz abschmecken. Mit angefeuchteten Händen Klöße von etwa 5 Zentimeter Durchmesser formen. Das Salzwasser aufkochen, die Klöße einlegen und in 30 Minuten garziehen lassen. Mit einem Schaumlöffel herausnehmen, abtropfen lassen. In eine vorgewärmte Schüssel geben und mit der leicht gebräunten Butter übergießen.

Thüringer Klöße

1500 g Kartoffeln
1/4 l Milch
2 EL Grieß
Salz, Muskat
2 Brötchen
Butter

Kartoffeln schälen, waschen und in eine Schüssel kaltes Wasser reiben. Die Masse in einen Leinensack geben und gut auspressen. Das ausgepreßte Wasser stehenlassen, bis sich die Kartoffelstärke abgesetzt hat. Wasser abgießen und die Stärke zu der ausgepreßten Kartoffelmasse geben. Aus Milch und Grieß einen Brei kochen und heiß unter die Kartoffelmasse mischen. Mit Salz und Muskat abschmecken. Brötchen in kleine Würfel schneiden und in etwas Butter in der Pfanne bräunen. Aus der Kloßmasse mit nassen Händen Klöße formen, mit einigen Brötchenwürfeln füllen, in kochendes Salzwasser geben und 15 bis 20 Minuten im offenen Topf garziehen lassen.

Schwäbische Kartoffelknödel

1000 g Kartoffeln
125 g durchwachsener Speck
3 Brötchen
$^3/_4$ l Milch
2 Zwiebeln
je $^1/_2$ Bund Petersilie und Schnittlauch
150 g Mehl
1 Ei
3 Scheiben Weißbrot
20 g Butter
Salz
Muskatnuß

Kartoffeln waschen, in einen Topf mit gesalzenem Wasser bedeckt 30 Minuten als Pellkartoffeln kochen. Wasser abgießen, Kartoffeln abschrecken und pellen. Abkühlen lassen und durch eine Presse drücken. Brötchen in Milch einweichen. Speck würfeln und in einer Pfanne auslassen. Die geschälten, feingehackten Zwiebeln dazugeben und goldbraun braten. Petersilie und Schnittlauch abspülen, trockentupfen und feinhacken. Alles zu den Kartoffeln geben und mit Mehl und Ei zu einem festen Teig kneten. Brotwürfel in Butter rösten. Mit den ausgedrückten Brötchen in den Teig kneten. Mit Muskat und Salz würzen. Wasser in einem großen Topf aufkochen und Klöße formen. Die Hälfte der Klöße reingeben und 20 Minuten garziehen lassen. Mit dem Schaumlöffel rausnehmen, abtropfen lassen und warmstellen, bis alle Klöße gar sind und serviert werden.

Spinatklößchen

750 g Kartoffeln
300 g tiefgekühlter Spinat
50 g Butter
1/8 l heiße Fleischbrühe
100 g geriebener Parmesankäse
250 g Mehl
3 Eigelb
geriebene Muskatnuß
1/8 l Sahne
Salz, Pfeffer

Kartoffeln schälen, waschen und in einem Topf mit Salzwasser zugedeckt 20 Minuten kochen lassen. Abgießen und ausdämpfen lassen. Durch eine Kartoffelpresse in eine Schüssel drücken. 20 g Butter und Fleischbrühe in einem Topf zum Kochen bringen. Spinat darin nach Vorschrift in 10 Minuten auftauen, 5 Minuten kochen lassen, bis fast alle Flüssigkeit verdampft ist, mit Salz und Muskat würzen und zu den Kartoffeln geben. 80 g Parmesan, Mehl und Eigelb dazugeben, alles zu einem festen Teig kneten. Mit Salz, Pfeffer und Muskat abschmecken. Salzwasser in einem Topf aufkochen. Aus dem Teig walnußgroße Kugeln formen. Portionsweise ins Salzwasser gleiten lassen und bei schwacher Hitze 10 Minuten garziehen lassen. Mit einem Schaumlöffel herausnehmen und warm stellen, bis alle Klöße fertig sind. Eine feuerfeste Form mit Margarine einfetten und die Spinatklößchen einschichten. Mit verquirlter Sahne übergießen, den restlichen Käse darüberstreuen und Butterflöckchen aufsetzen. Die Form in den vorgeheizten Ofen auf die mittlere Schiene stellen und bei 220 Grad 15 Minuten überbacken.

Gekochte Klöße

1000 g mehligkochende Kartoffeln
4 Scheiben entrindetes Toastbrot
30 g Butter
3 Eier
3 gehäufte EL Mehl
Salz, Pfeffer

Die Kartoffeln schälen, im Kartoffeltopf dämpfen, durch die Presse drükken und ausdampfen lassen. Toastbrot in Würfel schneiden, in 30 g Butter in einer Pfanne auf allen Seiten goldbraun braten. Die Eier in die Kartoffelmasse unterrühren und das Mehl untermischen – nicht zu lange kneten, sonst wird die Masse zäh. Die Mehlmenge kann man variieren, je nachdem, wie feucht die Kartoffeln sind und wie mehlig die verwendete Sorte ist. Klöße abstechen und mit bemehlten Händen formen. In die Mitte jedes Kloßes einige Brötchenwürfel geben. Die Knödel in siedendem Salzwasser 15 Minuten garziehen lassen.

Knödel mit Kalbsbrät

500 g Kartoffeln
1 l Wasser
250 g Mehl
1 Ei
2 EL Milch
Salz

Füllung:
250 g gekochter Schinken
2 Kalbsbratwürste, je 150 g
2 Zwiebeln
40 g Margarine
1 TL zerriebener Majoran
Pfeffer
1 Bund Petersilie

Die Kartoffeln waschen und als Pellkartoffeln ca. 30 Minuten kochen. Abgießen, abschrecken, heiß pellen und durch die Kartoffelpresse drücken. Mit Mehl, Ei, Milch und Salz zu einem festen Teig verarbeiten. Für die Füllung Schinken, Kalbswurstbrät und die geschälten Zwiebeln durch den Fleischwolf drehen. Margarine in einer Pfanne erhitzen. Fleisch-Zwiebel-Masse darin unter Rühren 10 Minuten braten. Mit Majoran und Pfeffer würzen. Petersilie waschen, trockenschwenken, feinhacken und unter den Fleischteig mischen. Aus dem Kartoffelteig 5 Zentimeter dicke Knödel formen, in die Mitte ein Loch drücken, mit Fleischmasse füllen und Knödel schließen. Reichlich Salzwasser in einem Topf zum Kochen bringen, Knödel darin garziehen lassen. Nach 10 bis 15 Minuten mit einem Schöpflöffel aus dem Wasser nehmen und gut abtropfen lassen. Knödel mit gehackter Petersilie bestreuen.

Marillenknödel

1000 g Kartoffeln
500 g kleine Aprikosen
200 g Mehl
2 Eier
1 TL Salz
1 Prise Muskatnuß
50 g Butter
Würfelzucker
5 EL Butter
6 EL Semmelbrösel

Die Kartoffeln kochen, noch heiß abziehen, durch die Presse drücken und abkühlen lassen. Das Mehl und die Eier zugeben, gut vermischen und die Masse mit Salz und Muskat abschmecken. Die Butter zerlassen, abkühlen lassen, in den Teig einarbeiten und aus dem Teig eine dicke Rolle von ca. 5–7 Zentimeter Durchmesser formen. Von der Rolle 1 Zentimeter dicke Scheiben abschneiden. Die gewaschenen und abgetrockneten Aprikosen entsteinen und mit je 1 Würfelzucker füllen. Mit einer Gabel mehrmals einstechen. Jede Aprikose in eine Teigscheibe einschließen und mit nassen Händen Knödel formen. Reichlich Salzwasser zum Kochen bringen und die Knödel darin 10–15 Minuten leicht köcheln und an die Oberfläche steigen lassen. Mit einem Schaumlöffel herausnehmen und kurz mit kaltem Wasser abschrecken. Butter in einer Pfanne zerlassen, die Semmelbrösel einstreuen und unter Rühren hellbraun braten. Die abgetropften Knödel darin wälzen und vor dem Servieren leicht mit Puderzucker besieben.

Zwetschgenknödel

Die Kartoffeln als Pellkartoffeln kochen, schälen und durch eine Presse drücken. Die Masse mit dem Mehl, den Eiern, einer Prise Salz und Muskat zu einem Teig verarbeiten und in eine Rolle formen, die in 12 gleichmäßige Teigstücke aufgeschnitten wird. Je eine Zwetschge mit einem Stück Würfelzucker füllen, die Steine entfernen. Nun die Teigscheiben mit den Zwetschgen belegen und zu einem Knödel formen. Dazu die Hände am besten mit Mehl bestäuben. Die Knödel in kochendes Wasser einlegen, kurz aufwallen lassen und dann rund 15–20 Minuten bei kleiner Hitze ziehen lassen. Knödel herausnehmen, abtropfen lassen. Jetzt Paniermehl in zerlassener Butter bräunen, die Knödel darin wenden und zum Schluß mit Zimt und Zucker bestäuben.

1000 g Kartoffeln
12 Zwetschgen oder Pflaumen
12 Stück Würfelzucker
100 g Mehl, 2 Eier
2 EL Butter, 2 EL Zimt
2 EL Zucker
4 EL Paniermehl
Salz, geriebene Muskatnuß

Kartoffelklöße halb und halb

2000 g Kartoffeln
$\frac{1}{8}$–$\frac{1}{4}$ l heiße Milch
1 Brötchen
10 g Butter
Salz

Die Hälfte der Kartoffeln als Pellkartoffeln kochen; die restlichen Kartoffeln schälen, waschen und auf einer Reibe in eine Schüssel mit kaltem Wasser reiben. Die Masse mit einem Leinentuch gut auspressen. Das Wasser stehen lassen, damit sich die enthaltene Stärke absetzen kann. Die gekochten, noch heißen Kartoffeln pellen, durch eine Presse drücken und mit den rohen Kartoffeln und der heißen Milch mischen. Das Wasser von der abgesetzten Stärke abgießen, die Stärke und etwas Salz zu dem Kartoffelteig geben, alles gut durchkneten. Das Brötchen in Würfel schneiden und in Butter goldgelb rösten. Mit nassen Händen aus dem Teig ca. 8 Klöße formen, einige Brötchenwürfel in die Mitte geben. Die Klöße in kochendes Salzwasser legen und im geöffneten Topf 25 Minuten bei schwacher Hitze garziehen lassen. Die fertigen Klöße mit einem Schaumlöffel herausnehmen und abtropfen lassen.

Kräuterknödel

1 Packung Knödel halb und halb
1 EL Petersilie
1 EL Schnittlauch
1 EL Dill
1 EL frischgeriebener Meerrettich

Die feingehackten Kräuter und den Meerrettich in $\frac{1}{2}$ Liter kaltes Wasser geben, Knödelpulver mit dem Schneebesen einrühren und 10 Minuten quellen lassen. Aus dem Teig mit angefeuchteten Händen 8 Knödel formen, in kochendes Salzwasser legen, kurz aufkochen und bei schwacher Hitze 20 Minuten ziehen lassen. Die Knödel können auch vor dem Garen mit gerösteten Weißbrotwürfeln gefüllt werden.

Konfettiklöße

1 Packung Knödel halb und halb (220 g)
1/2 Zwiebel
1/2 Semmel
1 Glas rote Paprikaschoten
1 Möhre
100 g gekochte Zunge
1/2 Bund Petersilie
1 EL Kapern
1 gekochtes Eiweiß
Salz, Pfeffer
Curry Streuwürze

Zwiebel und Semmel in kleine Würfel schneiden und in heißem Öl goldgelb rösten. Paprikaschote, in Essigwasser gekochte Möhre und Zunge ebenfalls in kleine Würfel schneiden. Petersilie, Kapern und Eiweiß grob hacken. Alles in 1/2 Liter kaltes Waser geben. Mit Salz, Pfeffer, Curry und Streuwürze würzen. Knödelpulver mit dem Schneebesen einrühren und 10 Minuten quellen lassen. Aus dem Teig mit angefeuchteten Händen 8 Knödel formen, in kochendes Salzwasser legen, kurz aufkochen und 20 Minuten bei schwacher Hitze ziehen lassen. Dazu Senf- oder Tomatensoße reichen.

Schnecken-Knödel mit Currysoße

1 Grundrezept Knödel halb und halb
24 Schnecken (Dose)
1 EL Butter
1/4 TL Salz
1/2 TL Knoblauchpulver

Soße:
4 Zwiebeln
2 Äpfel
250 g frische Champignons
2 EL Öl
1/4 l Fleischbrühe
2 TL Curry
abgeriebene Schale einer Zitrone
1 EL Speisestärke
2 EL Milch
1 Eigelb

Zwiebeln und Äpfel schälen und in Würfel schneiden. Geputzte Champignons kleinschneiden. Öl in einem Topf erhitzen, Zwiebeln darin glasigdünsten, Äpfel und Pilze dazugeben und mit andünsten. Fleischbrühe dazugeben, mit Curry, Zitronenschale und -saft würzen. Etwa 15 Minuten einkochen lassen. Speisestärke und Milch verrühren und die Soße damit binden. Zum Schluß mit Eigelb legieren. Für die Füllung Schnecken abtropfen lassen und in heißer Butter schwenken. Mit Salz und Knoblauchpulver würzen. Aus dem Kartoffelteig 8 Knödel formen und in die Mitte jeweils 3 Schnecken geben. Die Knödel in kochendes Salzwasser legen, kurz aufkochen und bei schwacher Hitze 20–25 Minuten ziehen lassen. Die Currysoße dazu servieren.

Knödel „rheinische Art“

1 Grundrezept Knödel halb und halb
1/2 Zwiebel
250 g Schweinemett oder Hackfleisch
schwarzer Pfeffer, Salz
Paprika

Zwiebel in kleine Würfel schneiden, unter das Schweinemett oder Hackfleisch mischen und mit Pfeffer, Salz und Paprika würzen. 8 Knödel formen und in die Mitte anteilmäßig die Fleischmasse geben. Knödel in kochendes Salzwasser legen, kurz aufkochen und bei schwacher Hitze 20 Minuten ziehen lassen.

Knödel „italienisch“

1 Rezept Knödel halb und halb
50 g frisches Basilikum
40 g Pinienkerne
2–3 Knoblauchzehen
Salz
1–2 EL Öl
1–2 EL geriebener Parmesankäse

Basilikum waschen und feinhacken. Pinienkerne hacken, Knoblauchzehen mit etwas Salz zerdrücken. Öl in einer Pfanne erhitzen, Basilikum und Pinienkerne darin andünsten und wieder abkühlen lassen. Knoblauch und Parmesankäse beifügen. 8 Knödel formen und in die Mitte anteilmäßig die Masse geben. In kochendes Salzwasser legen, kurz aufkochen lassen und bei schwacher Hitze 25 Minuten ziehen lassen.

Heute schon begehrte Sammlerobjekte: spezielle Knödelgeschirre aus Großmutters Zeiten. Die schwere Barockschüssel aus Zinn hat im Deckel Löcher zum Dampfabzug.

Hascheeknödel auf Specksauerkraut

1000 g Kartoffeln
250 g Mehl
1 Ei
200 g Rindfleisch
200 g Schweinefleisch
1 Zwiebel
1 Bund Petersilie
Salz, Pfeffer
Muskat

Die Kartoffeln in der Schale kochen, schälen und in heißem Zustand durch die Kartoffelpresse drücken. Auf das mit Mehl bestreute Küchenbrett geben und mit dem Ei, etwas Salz und dem Mehl zu einem Teig kneten. Den Teig ausrollen und in runde Stücke ausstechen, die für einen Knödel-„Mantel" ausreichen. Für die Haschee-Füllung werden Rind- und Schweinefleisch grob durch den Fleischwolf gedreht, mit der feingehackten Zwiebel und den anderen Gewürzen vermischt und in einer Pfanne kurz angebraten. In erkaltetem Zustand ca. 1 Eßlöffel pro Knödel auf den vorbereiteten Teig geben, zu einem Knödel formen und in dem heißen Wasser kochen lassen, bis die Knödel an der Oberfläche schwimmen. Herausnehmen und auf Specksauerkraut servieren.

Serviettenklöße

500 g Kartoffeln
1 Stange Lauch
100 g Sellerie
100 g Möhren
1 Bund Petersilie
100 g Mehl
50 g Butter
1 Ei
1 EL Salz
$^1/_2$ TL Muskatnuß

Die Kartoffeln am Tag zuvor zu Pellkartoffeln kochen. Möhren und Sellerie putzen, feinhacken, den Lauch waschen und in dünne Ringe schneiden. Petersilie abspülen, trockentupfen und hacken. 40 g Butter erhitzen. Das vorbereitete Gemüse darin so lange dünsten, bis der Lauch glasig ist. Abkühlen lassen. Kartoffeln pellen und feinreiben. Mit dem Gemüse, Mehl, Ei, Salz und Muskatnuß zu einem Teig verarbeiten und einen Kloß formen. Eine große Stoff-Serviette auf einer Seite mit der restlichen Butter einfetten. Den Kloß hineinlegen und die vier Ecken der Serviette so zusammenknoten, daß ein Beutel entsteht. Salzwasser in einem großen Topf aufkochen. Den Serviettenkloß entweder in einem Siebeinsatz hineingeben oder einen Kochlöffel durch die verknoteten Enden ziehen und den Löffel über den Topfrand legen, so daß der Kloß im Wasser hängt. Das Wasser darf nun nur noch köcheln. Die Garzeit beträgt ca. eine Stunde. Den Kloß gut abtropfen lassen und in Scheiben schneiden. Man kann braune Butter, gebratene Zwiebelringe oder Speckgrieben darübergeben.

Sächsische Wickelklöße

1000 g Kartoffeln
750 g Schweinerippchen
200 g durchwachsener Speck
$2^1/_2$ l Wasser
Salz
1 Lorbeerblatt
Pfefferkörner
1 Bund Suppengrün
375 g Mehl
1 TL Backpulver
1 Ei, Salz
4 EL Milch
40 g Butter
40 g Mehl
$^1/_2$ l Kochsud
1 TL Fleischextrakt
weißer Pfeffer
1 Bund Petersilie

Die Kartoffeln bereits am Vortag als Pellkartoffeln kochen. Schweinerippchen abspülen, mit Lorbeerblatt und einigen Pfefferkörnern in siedendes Salzwasser geben und 45 Minuten mild kochen. Suppengrün putzen, waschen, in Stücke schneiden und dazugeben, weitere 30 Minuten garen. Den Speck fein würfeln und in einer Pfanne ausbraten, zum Schluß die Semmelbrösel dazugeben und anrösten. Pellkartoffeln abziehen und durch die Kartoffelpresse drücken. Mehl, Backpulver, Ei und Salz zufügen, alles zu einem geschmeidigen Teig verkneten (falls er zu fest wird, etwas Milch zugeben). Den Teig auf einer bemehlten Arbeitsfläche zu einer 1 Zentimeter dicken, viereckigen Platte ausrollen. Speckwürfel und Semmelbrösel darauf verteilen. Rechteck von der Längsseite her aufrollen, in 5–6 Zentimeter lange Stücke schneiden. Die Schnittkanten danach fest zusammendrücken. Schweinerippchen aus der Brühe nehmen und warmstellen, die Brühe durchsieben und im Topf wieder aufkochen. Wickelklöße hineingeben und im offenen Topf garziehen lassen und zugedeckt warmstellen. 40 g Butter erhitzen, die gleiche Menge Mehl zugeben und anschwitzen. Unter Rühren mit der Kochbrühe bis zu einem halben Liter auffüllen. Fleischextrakt und Pfeffer zufügen. Mit Salz würzen und gehackter Petersilie bestreuen. Schweinerippchen in Portionen teilen, anrichten, mit Wickelklößen servieren und Soße extra reichen. Zu den Wickelklößen paßt hervorragend Sauerkraut mit Weißwein.

Bratkartoffeln, Röstis und Puffer

Bratkartoffeln Grundrezepte

Die Kartoffeln aus der Pfanne, schön goldbraun und kroß gebraten, sind eine Spezialität und Geheimtip zugleich. Mit etwas Speck vielleicht und Zwiebeln veredeln sie praktisch jedes Fleischgericht. Ob Sie nun die Bratkartoffeln mit Butter oder Margarine, Oliven- oder geschmacksneutralem Öl, mit Pflanzen- oder Schweinefett oder auch Butterschmalz zubereiten: Das Ergebnis wird jedes Mal grundverschieden ausfallen. Es gibt Restaurants, die einen Teil ihres guten Rufes nur der Qualität ihrer Bratkartoffeln verdanken. Sie haben lange nach der richtigen Sorte gesucht? Fest muß die Kartoffel sein und sie muß einen ausgeprägten, kartoffeligen Geschmack haben.

Es gibt zwei unterschiedliche Zubereitungsformen. Die Bratkartoffeln aus gekochten Kartoffeln und die aus rohen. Beide haben unterschiedliche Anhängerschaft – je nach Gusto.

Variante mit gekochten Kartoffeln:

Die Kartoffeln werden am besten am Vortag in der Schale nicht ganz weich gekocht und gepellt. Vor der Zubereitung als Bratkartoffeln in nicht zu dünne Scheiben schneiden. Butter oder Öl, oder beides gemeinsam, oder ausgelassener Speck – ganz nach Geschmack und nicht zuviel – kommen in die Pfanne und müssen gut heiß werden, bevor die Kartoffelscheiben in die Pfanne gelegt werden. Das ist sehr wichtig, damit die Bratkartoffeln nicht zu viel Fett aufnehmen. Am besten werden sie, wenn die Stücke in einer Schicht nebeneinanderliegen und dann z. B. mit zwei Gabeln einzeln gewendet werden. Dann auf mittlere Hitze herunterschalten. Die Kartoffeln werden so lange gebraten, bis der gewünschte Bräunungsgrad erreicht ist. Das dauert ungefähr 10 bis 15 Minuten. Gewendet werden Bratkartoffeln, die schön kroß werden sollen, immer erst dann, wenn der angebräunte Rand der Kartoffelscheiben anzeigt, daß die Unterseite bereits braun geworden ist. Anschließend salzen und pfeffern. Sie schmecken am besten, wenn sie außen knusprig und innen weich sind.

Variante mit rohen Kartoffeln:

Rohe Kartoffeln schälen und in dünne Scheiben, Würfel oder Stifte schneiden. Öl oder ausgebratenen Speck in der Pfanne erhitzen, die Kartoffeln dazugeben und bei mittlerer Hitze zunächst zehn Minuten unter dem geschlossenen Deckel anbraten. Dann wenden, salzen, pfeffern und in der offenen Pfanne weitere 20 Minuten schön goldbraun rösten. Viel Liebe und viel Zeit brauchen Bratkartoffeln aber wie eh und je. Denn wer bei starker Hitze das Bräunen erzwingen will, riskiert höchstens scharze, angebrannt schmeckende Stücke.

Ein Tip: Wenn es schnell gehen muß, hilft ein Teelöffel Zucker – über die Bratkartoffeln gestreut – beim Bräunen nach. Vorsicht, nicht zuviel!

Bayerische Speckkartoffeln

1000 g Kartoffeln
Schale einer Sellerieknolle
2 Bund Petersilie
1 gestr. EL Kümmel
1 gestr. EL. Salz
6 Eigelb
50 g Speisestärke
100 g durchwachsener Speck
4 mittelgroße Zwiebeln
1 Bund Schnittlauch
1 gestr. EL Majoran
100 g Butter

Die Kartoffeln waschen und zusammen mit der Sellerieschale, dem Bund Petersilie, Kümmel und Salz genau 20 Minuten kochen. Dann die Kartoffeln pellen und heiß durch eine feine Reibe reiben oder durch den Fleischwolf drehen. Noch heiß mit den Eigelb und der Speisestärke verrühren. Den Speck würfeln und die Zwiebeln hacken. Den Speck in einer Pfanne auslassen und die Zwiebeln darin anschwitzen. Beides zusammen mit der restlichen Petersilie, dem Schnittlauch und dem Majoran in den Kartoffelteig einarbeiten. Mit nassen Händen kleine Plätzchen formen und in Butter goldgelb backen.

Kartoffel-Pfanne

750 g Kartoffeln
75 g durchwachsener Speck
2 Zwiebeln
1/2 rote Paprikaschote
200 g Kabanossi oder Debreziner
2 Gewürzgurken
6 EL Öl
Salz, schwarzer Pfeffer
5 Eier
1 Bund Schnittlauch

Die Kartoffeln (möglichst schon am Vortag als Pellkartoffeln gekocht) schälen und in dünne Scheiben schneiden, den Speck würfeln. Die Zwiebeln schälen und ebenfalls würfeln. Die Paprikaschoten waschen, abtrocknen, Kerne und weiße Teile entfernen und in Streifen schneiden. Den Speck im heißen Öl auslassen, die Zwiebeln dazugeben und glasig werden lassen. Kartoffeln, Paprika, Wurst und Gurken dazugeben, würzen und unter Wenden braten, Inzwischen die Eier mit etwas Salz verquirlen, darübergießen und bei schwacher Hitze, kurz vor Ende der Bratzeit, stocken lassen. Vor dem Servieren mit den Schnittlauchröllchen bestreuen. Dazu Kopfsalat reichen.

Bratkartoffeln mit Spiegelei

500 g Pellkartoffeln
1 große Zwiebel
1 EL Öl
Salz
grober schwarzer Pfeffer
4 Eier

Die Kartoffeln, am besten bereits am Vortag mit Schale gekocht, schälen und in Scheiben schneiden. Die Zwiebeln schälen und würfeln. Beides im erhitztem Öl braten, salzen und pfeffern. Kurz vor Ende der Garzeit und mit kleiner Hitze die Eier als Spiegeleier über die Bratkartoffeln geben und stocken lassen.

Zu diesen Bratkartoffeln (als eigenständiges Gericht) empfehlen sich zum Beispiel Rote Beete.

Bauern-Geröstel

1000 g Kartoffeln
1 Blutwurst
2 Leberwürste (gebrüht)
2 Zwiebeln
50 g Schweineschmalz
2 Gewürzgurken
6 Eier
Salz, Pfeffer

Die Kartoffeln vom Vortag schälen, in Scheiben oder Würfel schneiden. Die Zwiebeln in feine Ringe schneiden und die Blut- und Leberwürste enthäuten. Schweineschmalz in einer großen Pfanne erhitzen, die Zwiebeln darin glasig braten, Kartoffeln und Wurststücke dazugeben und unter häufigem Wenden so lange braten, bis die Kartoffeln gebräunt sind. Dann erst die gewürfelten Gewürzgurken zufügen und kurz mit erhitzen. Nun die Eier verquirlen, mit Salz und Pfeffer würzen, in die Pfanne geben und stocken lassen. Das Geröstel in der Pfanne servieren. Als Beilage paßt ein deftiger Krautsalat.

Bauernfrühstück

750 g Kartoffeln
80 g durchwachsener Speck
3 Eier
3 EL Milch
Salz
125 g Schinkenwürfel
2 Tomaten
½ Bund Schnittlauch

Kartoffeln waschen und ca. 30 Minuten in der Schale kochen. Abschrekken, pellen und kalt werden lassen. In Scheiben schneiden. Speck kleinwürfeln und in der Pfanne anbraten. Kartoffeln dazugeben, salzen und hellbraun rösten. Eier mit Milch und Salz verquirlen. Schinkenwürfel dazugeben. Tomaten abziehen und achteln. Alles zusammen über die Kartoffeln gießen, stocken lassen und mit Schnittlauch garnieren.

Röstis Berner Art

1000 g Kartoffeln
100 g fetter Speck
1 TL Kümmel
Salz
2 EL Milch

Die festkochenden Kartoffeln waschen und in mit Kümmel gewürztem Salzwasser als Pellkartoffeln kochen. Abgießen, abschrecken, pellen und über Nacht zugedeckt stehen lassen. Die Kartoffeln dann grob raffeln. Den Speck würfeln und in der Pfanne auslassen. Die Kartoffelmasse dazugeben und salzen. Die Kartoffeln mit einer Küchenspachtel zu einem Kuchen zusammendrücken und so lange braten, bis die Unterseite goldbraun ist. Die Milch darüberträufeln und die Rösti mit Hilfe eines Tellers wenden. So lange braten, bis auch die andere Seite goldbraun ist. Auf einer vorgewärmten Platte heiß servieren.

Schweizer Rösti

1000 g Kartoffeln
1 Zwiebel
30 g Butter
Öl, Salz

Die festkochenden Kartoffeln waschen und als Pellkartoffeln in Salzwasser 10 Minuten kochen. Abgießen, abschrecken und pellen. Dann auf einer Reibe grob raffeln. Die Zwiebeln schälen und fein hacken. Die Kartoffelmasse mit Zwiebel und Salz vermischen. Öl und Butter in einer Pfanne erhitzen, die Kartoffelmasse hineingeben und mit einer Küchenspachtel zu einem Kuchen formen. So lange braten, bis die Unterseite knusprig braun ist. Dann das Rösti auf einen Teller gleiten lassen, wenden und von der anderen Seite braten. Auf einer vorgewärmten Platte oder in der Pfanne servieren.

Rösti wird traditionell zu Zürcher Geschnetzeltem oder Ragouts serviert.

Rösti mit Emmentaler

1000 g Kartoffeln
4 Scheiben Frühstücksspeck
4 dünne Scheiben Emmentaler Käse
1 EL Kümmel
1 Zwiebel
1 Knoblauchzehe
50 g Griebenschmalz
Salz, Pfeffer
1 Bund Schnittlauch

Die Kartoffeln in Salzwasser und Kümmel als Pellkartoffeln kochen. Abgießen, abschrecken, pellen und zugedeckt über Nacht kühl stellen. Am nächsten Tag grob raffeln. Die Zwiebel und die Knoblauchzehe schälen und feinhacken. Zusammen mit dem Griebenschmalz unter die Kartoffelmasse mischen. Mit Salz und Pfeffer abschmecken. Die Masse in eine große, schwere Pfanne drücken und bei nicht zu starker Hitze langsam goldbraun braten. Mit Hilfe eines Tellers wenden und die Unterseite braten. Rösti auf eine feuerfeste Platte legen, mit Speck und Käsescheiben belegen. Die Platte in den vorgeheizten Backofen und die Rösti etwa 10 Minuten überbacken, solange, bis der Speck leicht knusprig und der Käse zerlaufen ist. Vor dem Servieren mit kleingeschnittenem Schnittlauch bestreuen.

Dazu empfehlen wir grünen Salat.

Kartoffel-Omelette

500 g Kartoffeln
2 Zwiebeln
100 g durchwachsener Speck
8 Eier
8 EL Mineralwasser
$\frac{1}{2}$ TL Salz
1 Msp. weißen Pfeffer
1 Msp. Paprika
4 Cocktailwürstchen
4 Scheiben Frühstücksspeck
1 EL Butter
1 Gewürzgurke
Tomatenachteln

Die Kartoffeln (am Vortag als Pellkartoffeln gekocht) schälen und würfeln. Die Zwiebeln schälen und feinhacken, den Speck ebenfalls in kleine Würfelchen schneiden. Die Eier mit Mineralwasser, Salz, Pfeffer und Paprika verquirlen. Für das Omelette die Speckwürfel in einer Pfanne auslassen, die Kartoffelwürfel und Zwiebeln dazugeben und braten, mit Salz und Pfeffer würzen. Die Eimasse dazugeben und stocken lassen. Das Omelette herausnehmen und warmstellen. Wer keine genügend große

Pfanne für die Menge hat oder wem dieses Omelette zu dick wird, der verteilt die Menge auf vier Omelettes, die nacheinander gebraten werden.

Zum Schluß je 1 Cocktailwürstchen mit einer Speckscheibe umwickeln und in der Pfanne kurz braten. Das Omelette auf eine vorgewärmte Platte geben und mit den Würstchen, Gewürzgurken und Tomatenachteln garniert servieren.

Kartoffelpuffer, Reibekuchen

Kartoffelpuffer, Reibekuchen, Riwekooche oder Reiberdatschi – so unterschiedlich die Namen, so verschieden sind auch die regionalen Zubereitungsformen. Ob Hausfrau oder Küchenchef, jeder schwört natürlich auf sein Rezept. Gemeinsam haben die Kartoffelpuffer nur eines: Grundlage sind immer geriebene rohe Kartoffeln. Aber schon beim Binden der Kartoffelmasse beginnen die Unterschiede. Die einen nehmen etwas Mehl oder Semmelbrösel, die anderen eine zerdrückte gekochte Kartoffel oder Gries. Und wenn es um die Verfeinerungen geht, dann sind der Kreativität in der Küche keine Grenzen mehr gesetzt. Ob mit Zwiebeln oder Speck, saurer Sahne oder fein geraspeltem Gemüse – jede dieser Varianten hat ihren eigenen Reiz und ihre eigenen Anhänger. Ähnlich vielfältig sind dann auch die Beilagen. Die Palette reicht von Sauerkraut über Apfelmus bis hin zu gemischtem Salat. Was das Bratfett anbetrifft, so gilt gleiches wie für die Bratkartoffeln: Jedes Fett erzielt eine andere Geschmacksrichtung. Angefangen von Butterschmalz über Margarine bis hin zu Schweineschmalz oder gehärteten Pflanzenfetten. Den besten Kartoffelgeschmack erhält man sich in der Regel mit einem relativ geschmacksneutralen Öl. Und noch ein Tip: Bei den Kartoffelpuffern kommt es weniger auf die Sorte an. Das einzige, was sich weniger eignet, sind junge Kartoffeln. Früher galten vor allem alte oder gar schon überlagerte Erdäpfel als besonders geeignet für Kartoffelpuffer. Da es gerade zum Thema Kartoffelpuffer schier unzählige Varianten gibt, beschränken wir uns hier auf einige Anregungen, wie bei allen anderen Rezepten für jeweils 4 Personen.

Kartoffelpuffer Grundrezept

1000 g Kartoffeln
2 Eier, 2 EL Mehl oder Semmelbrösel
Salz, Pfeffer
Öl zum Ausbacken

Die rohen Kartoffeln schälen, waschen und durch eine Reibe in eine Schüssel reiben. Die Masse mit der Hand oder einem Tuch leicht ausdrücken und mit dem Mehl, den Eiern und etwas Salz und Pfeffer zu einem locker, saftigen Teig vermengen. Öl in einer Pfanne erhitzen und die Kartoffelmasse nach und nach mit einem Löffel oder einer Schöpfkelle portionsweise in die Pfanne geben, dünn verstreichen und beidseitig knusprig goldbraun braten. Als Beilage empfiehlt sich Apfelmus oder Sauerkraut.

Kartoffelpuffer mit Zwiebeln und Speck

1000 g große Kartoffeln
2 EL Mehl
1 große Zwiebel
100 g magerer geräucherter Schweinebauch
1 gestr. TL Salz
1 Prise Pfeffer
2 Eier
2 EL geschnittenes Zwiebelgrün oder Schnittlauch
Öl

Die Kartoffeln schälen und in eine Schüssel reiben. Die Masse mit einem Tuch leicht ausdrücken. Mit dem Mehl bestäuben und vermengen. Die Zwiebel reiben und den Schweinebauch kleinwürfeln. Zusammen mit Salz, Pfeffer, den Eiern und dem Zwiebelgrün zu einer Masse vermengen. Nacheinander nun löffelweise den Teig in die Pfanne geben, glattstreichen und in heißem Öl dünne Kartoffelpuffer kroß ausbacken. Dazu paßt gut grüner Salat.

Kartoffel-Gemüse-Puffer

500 g Kartoffeln
250 g Möhren
250 g Zwiebeln
2 Eier
Salz, weißer Pfeffer
Hefestreuwürze nach Geschmack
100 g feiner Weizenschrot
Butterschmalz

Die geschälten Kartoffeln und Zwiebeln sowie die geputzten Möhren auf einer großen Reibe in eine Schüssel raspeln, vermengen und mit beiden Händen leicht ausdrücken. Mit den Eiern, dem Salz, den Gewürzen und dem Weizenschrot verrühren. Butterschmalz in einer großen Pfanne erhitzen. Mit einem Eßlöffel kleine Küchlein vom Kartoffelteig abstechen, in die Pfanne geben und flachdrücken. Die Puffer bei mittlerer Hitze beidseitig knusprig braten. Sofort servieren.

Zu dieser Variante empfehlen wir Salat oder einen pikanten Kräuterquark.

Kartoffelbouletten mit Tomatensauce

250 g kalte, gekochte, geriebene Kartoffeln
40 g Butter
8 Eigelb
abgeriebene Schale einer 1/2 Zitrone
2 TL Sardellenpaste
1 Bund gemischte Kräuter
1 TL Salz, 1/4 TL Pfeffer
1 Msp. Knoblauchpulver
60 g Mehl
8 Eiweiß
50 g Margarine

Tomatensauce:
3 EL Öl
1 große Zwiebel
30 g Mehl
1 Döschen Tomatenmark
1/2 l Fleischbrühe
1/2 TL Salz
1/4 TL Pfeffer
1/4 TL Zucker
1 EL gehackten Schnittlauch

Die Butter mit dem Eigelb, der abgeriebenen Zitronenschale, der Sardellenpaste, den gehackten Kräutern und den Gewürzen mit dem Elektroquirl gut verrühren. Dann abwechselnd die geriebenen Pellkartoffeln und das Mehl darunterziehen und zum Schluß das zu steifem Schnee geschlagene Eiweiß hinzugeben. Von der Masse mit dem Eßlöffel kleine Klößchen abstechen, zu Plätzchen formen und in heißem Fett ausbraten. Dazu Tomatensauce reichen. Dafür das Öl in einer Kasserolle erhitzen, die feingehackte Zwiebel darin goldgelb anlaufen lassen. Das Mehl darüberstäuben, unter Rühren hell anschwitzen, das Tomatenmark dazugeben und dann mit Fleischbrühe aufgießen. Mit Salz, Pfeffer und Zucker pikant abschmecken.

Die Kartoffelplätzchen auf einer Platte anrichten, mit der Tomatensauce übergießen und mit dem feingeschnittenen Schnittlauch bestreuen. Mit Tomatenscheiben und grünen Paprikaringen garniert servieren.

Doppeldecker-Variationen

Für die nachfolgenden Rezepte braten Sie für jeweils 4 Personen 16 kleine Kartoffelpuffer laut Grundrezept und stellen diese im Backrohr warm, bis die entsprechenden Füllungen dieser „Kartoffel-Hamburger" zubereitet sind.

Doppeldecker mit Äpfeln

4 säuerliche Äpfel
50 g Rosinen
1 Packung gehobelte Mandeln
2–3 EL Zucker, Zimt
30 g Butter

Äpfel schälen, Kerngehäuse entfernen und in kleine Scheibchen schneiden. Diese in Butter dünsten und mit Zucker und Zimt abschmecken. Die gewaschenen Rosinen wie auch die Hälfte der gehobelten Mandeln dazugeben und unter die Apfelmasse mischen. Acht Kartoffelpuffer auf einer Platte anrichten und gleichmäßig mit der Apfelmasse bestreichen. Die übrigen Kartoffelpuffer darauflegen. Die restlichen Mandelblättchen in einer heißen Pfanne ohne Fett kurz goldbraun rösten und auf den Doppeldeckern als Garnierung verteilen.

Leberwurst-Puffer mit Zwiebeln

Die Leberwurstmasse aus der Haut drücken und mit einer Gabel zusammen mit der sauren Sahne zu einer geschmeidigen Paste vermengen. Zwiebel und Gewürzgurke kleinhacken und ebenfalls unter die Wurstmasse mischen. Nur falls nötig, mit Salz und Pfeffer abschmecken. Acht Kartoffelpuffer mit der Leberwurstmasse bestreichen und mit einem zweiten Puffer abdecken.

Als Beilage zu dieser deftigen Puffer-Variante empfehlen wir grünen Salat.

150 g grobe Leberwurst
1 Zwiebel
3 EL saure Sahne
1 Gewürzgurke
Salz, Pfeffer

Wiener Würstchen-Puffer

Die Würstchen in feine Scheibchen schneiden und diese mit einer Marinade aus Ketchup, Weißwein, gehackten Gürkchen und den Gewürzen vermischen. Das Ganze in einen Topf geben und einmal kurz aufkochen lassen. Acht Kartoffelpuffer mit der Würstchenmasse bestreichen und mit einem zweiten Puffer abdecken.

2 Paar Wiener Würstchen
4 EL Tomatenketchup
2 EL gehackte Essiggurken
2 EL Weißwein
je eine Prise Thymian Rosmarin, Paprika
Salz und Pfeffer

Schinken-Käse-Puffer

Acht Kartoffelpuffer jeweils mit einer Scheibe Schinken und einer Scheibe Käse belegen. Die Puffer nun in einem vorgeheizten Backofen kurz überbacken, bis der Käse geschmolzen ist. Herausnehmen, mit je einer Scheibe Tomate und etwas gehackten Zwiebeln garnieren, mit Schnittlauch bestreuen und mit jeweils einem zweiten Puffer abdecken.

8 Scheiben gekochter Schinken
8 Scheiben Schmelzkäse
2 Tomaten, 2 Zwiebeln
1 Bund Schnittlauch

Grillkartoffeln, Aufläufe und Gratins

Folienkartoffeln mit diversen Beilagen

Wickeln Sie pro Person zwei große, gewaschene Kartoffeln in Alufolie und garen sie alle auf dem Grillrost im Backofen. Bei 220 Grad je nach Größe bis zu einer Stunde. Dann die Alufolie mit einem scharfen Messer einmal längs und einmal quer einschneiden. Die Kartoffeln von unten ein wenig auseinanderdrücken und so servieren. Dazu:

1. Kräuterbutter aus 125 g Butter
   ½ TL Salz, je 1 EL Petersilie
   Schnittlauch, Dill und Kerbel
   ½ TL Zitronensaft
   ¼ TL weißer Pfeffer

2. Paprikabutter aus 125 g Butter
   2 EL flüssige Paprikawürze
   1 EL Tomatenmark
   1 TL Sardellenpaste aus der Tube
   und 1 TL Zitronensaft
   abgeschmeckt mit wenig Salz und
   1 Spritzer Tabasco

3. Doppelrahmfrischkäse, in appetitliche Würfel geschnitten. Auch mal mit etwas grünem Pfeffer gemischt

4. Dicke saure Sahne im Kännchen, auch aus halb süßer und halb saurer Sahne gemischt

5. Frische Gurken, Tomaten und Radieschen. Die man bei Tisch schneidet, würzt und so verzehrt.

Schalenkartoffeln mit Leberwurst

16 mittelgroße Kartoffeln
Salz
2 EL Öl

Für die Leberwurstfüllung:
125 g grobe Leberwurst
1 Zwiebel
1 Knoblauchzehe
1 EL rote Paprikaschote
1 EL Kapern
1 EL Schnittlauch

Kartoffeln unter fließendem Wasser gründlich abbürsten und abtrocknen. Auf der flachen Seite kreuzweise schräg einritzen. Mit Salz einreiben. Pro Kartoffel ein Stück Alufolie zurechtschneiden. Mit Öl bestreichen. Kartoffeln fest in die Folie einwickeln. Direkt auf die Holzkohlenglut legen oder bei 220 Grad im Backofen ca. eine Stunde garen. Mehrmals mit der Grillzange wenden. Inzwischen für die Leberwurstfüllung die Leberwurst, die geschälte, feingehackte Zwiebel, die zerdrückte Knoblauchzehe, die gewürfelte Paprikaschote, die Kapern und den Schnittlauch (in feine Röllchen geschnitten) mischen.

Für die Käsecreme:
125 g Doppelrahm-Frischkäse
1 Msp. Salz
1 Msp. weißer Pfeffer
3–4 EL Schlagsahne
1 gehäufter TL Lachs- oder Forellenkaviar

Für die Käsecreme den Frischkäse mit Salz und Pfeffer würzen und mit der Sahne zur Creme rühren. Die Hälfte mit Schnittlauchröllchen mischen, die andere Hälfte pur lassen. Die gegarten Kartoffeln aus der Glut nehmen. In der Folie rundum etwas andrücken. Folie oben öffnen. Jede Kartoffel durch seitlichen Druck oben aufbrechen. Die Füllungen darauf verteilen. Davon 4 Kartoffeln mit Käsecreme pur füllen und je 1 Teelöffel Kaviar daraufgeben.

Kümmelkartoffeln vom Backblech

1000 g neue Kartoffeln
1 TL Salz
6 TL Kümmel
Butter oder Margarine zum Einfetten des Backbleches
4 EL Butter

Den Backofen auf 180 Grad vorheizen. Kartoffeln gründlich waschen und mit der Schale halbieren. Auf einem Teller Salz und Kümmel vermischen. Die Kartoffeln mit der Schnittfläche darin eintauchen. Das Blackblech einfetten und die Kartoffeln mit der Schnittfläche nach oben daraufsetzen. Butter zerlassen und über die Kartoffeln gießen. Backblech in den Ofen schieben und 40–45 Minuten backen.

Kartoffel-Soufflé

4 mittelgroße Kartoffeln
4 Stück Alufolie
etwas Öl

Fülle:
2 Eigelb
2 EL geschlagene Sahne
Salz
Muskat
2 Eiweiß

Die Kartoffeln dünn schälen und waschen. Je ein Stück Alufolie mit etwas Öl bepinseln und die Kartoffeln darin einschlagen. Im vorgeheizten Backofen auf mittlerer Schiene bei 220 Grad 45 Minuten backen. Dann die Kartoffeln aus dem Ofen nehmen, die Folie abnehmen und auskühlen lassen. Von der waagerechten Seite ein Oberteil abschneiden, mit einem Löffel die Kartoffeln etwas aushöhlen und diese Masse mit den 2 Eigelben verrühren. Sahne, Salz und Muskat dazugeben. Die Eiweiß steifschlagen und zum Schluß unterziehen. Die Masse nun gleichmäßig in die Kartoffeln füllen. Eine feuerfeste Form mit etwas Öl ausstreichen, die gefüllten Kartoffeln hineinsetzen und im vorgeheizten Backofen auf Mittelschiene bei 240 Grad nach Sicht bräunen lassen. Herausnehmen und heiß servieren.

Rinderhack-Kartoffeln

12 mittelgroße Kartoffeln
$^3/_4$ l Fleischbrühe
300 g Rinderhackfleisch
1 Zwiebel
1 Ei
Salz, Pfeffer
Muskat, Petersilie

Die Kartoffeln schälen, waschen und mit einem Messer aushöhlen. In eine feuerfeste Form setzen und mit Brühe angießen. 15 Minuten im Ofen bei 220 Grad garen lassen. Aus Rinderhack, feingehacktem Kartoffelinnerem, feingewürfelter Zwiebel, Ei, Salz, Pfeffer und Muskat einen Fleischteig herstellen und die Kartoffeln damit füllen. Im Ofen ca. 30 Minuten zu Ende backen. Mit Petersilie bestreut sofort heiß servieren.

Kartoffel-Auflauf

750 g Kartoffeln
150 g Schinken
40 g Butter
2 Eidotter
Salz, schwarzer Pfeffer
gemahlener Kümmel
1 Prise Muskatnuß
2 EL gehackte Kräuter
2 Eiweiß
Butter für die Form
2 EL geriebener Emmentaler

Die Kartoffeln waschen, als Pellkartoffeln kochen, schälen und noch heiß durch die Presse drücken. Den Schinken fein würfeln und in der Hälfte der Butter anbraten. Die restliche Butter, die Eidotter, die Gewürze, die Kräuter und den Schinken unter die Kartoffelmasse mengen. Die Eiweiß steifschlagen und unterziehen. Eine feuerfeste Form einfetten, die Kartoffelmasse einfüllen, mit dem Käse bestreuen und im vorgeheizten Backofen bei 200 Grad ca. 30 Minuten überbacken. Dazu Tomatensalat servieren.

Kartoffelbrei-Auflauf

1500 g Kartoffeln
3/8 l Milch
25 g Butter
2 große Zwiebeln
25 g Butter
Salz, weißer Pfeffer
1 Prise Muskat
4 große Mettwürste
2 Eier
1 EL geriebener Emmentaler
Salz, Pfeffer
edelsüßes Paprikapulver
Butterflöckchen

Kartoffeln schälen und in Salzwasser zugedeckt ca. 30 Minuten kochen, abgießen, abtropfen lassen und stampfen. Mit der heißen Milch und der Butter gut verrühren. Zwiebeln schälen, feinhacken, in der heißen Butter glasig dünsten und unter den Kartoffelbrei mischen. Mit den Gewürzen abschmecken. Die Hälfte in eine gefettete, feuerfeste Auflaufform füllen, die heißen Würste hineinlegen und den restlichen Kartoffelbrei darübergeben. Eier mit Käse und Gewürzen verrühren und darübergießen. Butterflöckchen daraufsetzen und im vorgeheizten Backofen bei 200 Grad ca. 15 Minuten überbacken. Dazu gemischten Salat reichen, da vollwertige Mahlzeit.

Florentiner Kartoffeln

1000 g Kartoffeln
500 g Blattspinat
3 Sardellenfilets
geriebene Muskatnuß
Salz
4 EL geriebener Emmentaler
Margarine zum Einfetten
3/8 l saure Sahne

Die Kartoffeln als Pellkartoffeln kochen und erkalten lassen. Spinat putzen, waschen, in kochendes Salzwasser geben, 5 Minuten sieden lassen und sofort abschrecken. Die gehackten Sardellenfilets, Muskatnuß und Emmentaler mit dem Spinat mischen. Eine Auflaufform mit Margarine einfetten und den Spinat hineingeben. Darauf die gepellten, in Scheiben geschnittenen Kartoffelscheiben schichten und salzen. Mit der verquirlten Sahne begießen. Im vorgeheizten Ofen auf mittlerer Schiene ca. 30 Minuten bei 220 Grad überbacken. Dieser Spinat-Kartoffel-Auflauf eignet sich auch gut als Beilage zu kurzgebratenem Fleisch.

Deftiger Kartoffelauflauf

1000 g festkochende Kartoffeln
1/2 l Schlagsahne
1/8 l Milch
4 Eigelb
Butter für die Form
Salz
frisch gemahlener weißer Pfeffer
80 – 100 g Butter
100 g geriebener Emmentaler

Kartoffeln schälen, waschen und in dünne Scheiben schneiden. Scheiben mit Küchenkrepp trockentupfen. Schlagsahne mit der Milch aufkochen und abkühlen lassen. Eigelb verquirlen und einrühren. Auflaufform mit Butter einfetten. Lagenweise Kartoffelscheiben schuppenartig einlegen. Jede Schicht leicht salzen und pfeffern. Die Hälfte der Butter in Flöckchen darauf verteilen, mit dem Käse bestreuen. Darauf die Eigelb-Sahnemischung gießen. Mit der restlichen Butter in Flöckchen belegen. Im vorgeheizten Backofen bei 225 Grad (Gas: Stufe 4) auf der mittleren Schiene 60 – 70 Minuten gratinieren. 10 Minuten vor Ende der Garzeit mit Alufolie abdecken, damit der Auflauf nicht allzu braun wird.

Kartoffelauflauf mit Edelpilz-Käse

1000 g Kartoffeln
150 g Edelpilzkäse
1 Zwiebel
2 Eigelb
1/2 l Milch
2 EL Sahne
2 EL Butter
1/2 TL Thymian
Butter zum Einfetten und Butterflöckchen
Salz, Pfeffer
Knoblauchsalz

Kartoffeln als Pellkartoffeln kochen, noch heiß pellen und in Scheiben schneiden. Mit Thymian, Salz, Knoblauchsalz und frisch gemahlenem Pfeffer würzen und mischen. Eine Auflaufform einfetten, die Kartoffeln hineingeben. Die kleingehackte Zwiebel, 100 g Käsebröckchen, Milch, Eigelb und Sahne mit dem Mixer gut verrühren und über die Kartoffeln geben. Den restlichen Käse sowie Butterflöckchen darauf verteilen. Die Form in den vorgeheizten Ofen schieben und bei 200 Grad 15 – 20 Minuten backen lassen.

Schinken-Kartoffeln

750 g Kartoffeln
250 g Schinken

Für die Béchamelsauce:
50 g Butter
50 g Mehl
$^1/_2$ l Milch
1 Prise Salz
weißer Pfeffer aus der Mühle
1 Prise Muskat
2 Eigelb
Margarine für die Form
2 EL Semmelbrösel
150 g geriebenen Emmentaler
1 große Zwiebel
2 EL Butter
Petersilie
Tomatenachtel

Die Kartoffeln mit der Schale kochen, etwas abkühlen lassen, schälen und in Würfel schneiden. Den Schinken kleinwürfeln und mit den Kartoffeln vermischen. Für die Béchamelsauce die Butter in einem Topf erhitzen, das Mehl unter ständigem Rühren leicht anschwitzen, langsam die Milch zugießen, dabei mit dem Schneebesen kräftig schlagen, damit keine Klümpchen entstehen. Mit Salz, Pfeffer und Muskat würzen und dem Eigelb verfeinern. Kurz aufkochen lassen, die Sauce darf nicht zu dick werden, eventuell mit etwas Milch verdünnen. Die Schinkenkartoffeln mit der Béchamelsauce vermischen. Eine ofenfeste Form mit Margarine ausfetten. Die Kartoffelmasse einfüllen und mit Semmelbrösel und dem Käse bestreuen. Mit Alufolie abdecken und in dem auf 220 Grad vorgeheizten Backofen eine Stunde backen. In den letzten 15 Minuten die Alufolie entfernen und etwas bräunen. Die Zwiebeln schälen und in Ringe schneiden. Die Butter in einer kleinen Pfanne erhitzen und die Zwiebel darin braun rösten. Butter und Zwiebeln über die Schinkenkartoffel geben. In der Form, mit Petersilie und Tomatenachtel garniert servieren.

Genueser Kartoffelauflauf

1000 g festkochende Kartoffeln
1 große Zwiebel
40 g getrocknete Steinpilze
1 Bund Petersilie
200 ccm Milch
100 ccm Sahne
150 g Emmentaler gerieben
4 EL Semmelbrösel
2 Eier
1 Knoblauchzehe
2 EL Butter
Salz, frisch geriebener Pfeffer

Die Steinpilze mindestens 30 Minuten in warmem Wasser einweichen, dann abgießen, dabei das Wasser abfangen. Zwiebel und Knoblauchzehe schälen, feinhacken und in Butter dünsten, bis sie hellgelb sind. Pilze dazugeben, umrühren, etwas Pilzwasser und Petersilie hinzufügen, aufkochen lassen, mit Salz und Pfeffer würzen. Die Hälfte der geschälten, gewaschenen, in Scheiben geschnittenen Kartoffeln dachziegelartig in eine gefettete Auflaufform schichten, mit Salz bestreuen. Milch, Sahne, Rest Steinpilzwasser, Eier, Semmelbrösel, Emmentaler und Petersilie verrühren, am besten mit einem Mixer. Einen Teil dieser Mischung über die Kartoffeln geben, Pilze darüber verteilen, mit den restlichen Kartoffeln belegen, den Rest der Milch-Eier-Mischung über die Kartoffeln gießen. Eine Alufolie darüberlegen und im vorgeheizten Ofen bei 200 Grad eine Stunde backen.

Kartoffelauflauf mit Paprika

1000 g Kartoffeln
3 grüne Paprikaschoten
350 g Hackfleisch gemischt
1 große Zwiebel
1 Dose Tomatenmark
2 Knoblauchzehen
1 Stange Bleichsellerie
1 EL Petersilie

Kartoffeln waschen, als Pellkartoffeln kochen, auskühlen lassen. Zwiebel schälen, kleinhacken und in 1 EL Butter glasig dünsten. Hackfleisch sowie geputzten, kleingeschnittenen Bleichsellerie hinzufügen, mit Salz und Pfeffer würzen, kurz anbraten und beiseite stellen. Die zerdrückten Knoblauchzehen kurz in 1 EL Butter dünsten, die geputzten, gewaschenen und in Streifen geschnittenen Paprikaschoten mit der fein gehackten Petersilie dazugeben. Mit Salz, Pfeffer und Paprikapulver abschmekken, zugedeckt ca. 20 Minuten köcheln lassen. Eine Auflaufform mit Butter einfetten, einen Teil der geschälten, in Scheiben geschnittenen Kartoffeln dachziegelartig einschichten. Hackfleischzwiebelmasse sowie die Paprikastreifen darauf geben, mit den restlichen Kartoffeln zudecken. Beiseite stellen. Restliche Butter erhitzen, Mehl einrühren und unter ständigem Rühren mit der Milch aufgießen. Tomatenmark unterziehen und mit Zucker und Salz würzen. Die Sauce über den Auflauf gießen. Mit Käse bestreuen und mit Butterflöckchen belegen. Bei 200 Grad ca. 20 Minuten im Backrohr überbacken.

2 EL Mehl
½ l Milch
1 TL Zucker
3 EL Butter
100 g geriebener Emmentaler
Butter zum Einfetten und Butterflöckchen

Kartoffel-Sauerkrautauflauf

500 g gekochte Salatkartoffeln
250 g Schweinebraten
1 Zwiebel
1 Apfel
½ rote Paprikaschote
1 kleine Dose Sauerkraut
⅛ l Sahne
2 Eigelb oder
1 ganzes Ei
¼ TL Salz
¼ TL weißer Pfeffer
2 EL gehackte Petersilie
30 g Butter in Flöckchen

Die Kartoffeln schälen und in feine Scheiben schneiden. Den Schweinebraten in Streifen schneiden. Die Zwiebeln schälen und in Ringe schneiden. Den Apfel schälen und feinwürfeln. Die Paprikaschote waschen, entkernen und in Streifchen schneiden. Das Sauerkraut aus der Dose nehmen, mit 2 Gabeln etwas ausflocken und eventuell zerkleinern. Unter das Kraut etwas Kümmel und Paprikapulver mischen. Die Sahne mit Eigelb, Salz und Pfeffer sowie der Petersilie verrühren. Eine Glasform mit etwas Fett (Öl) ausstreichen und lagenweise Kartoffeln, mit etwas Salz und Pfeffer bestreut, Braten, Sauerkraut und Paprikastreifen einschichten. Die letzte Schicht müssen Kartoffeln sein. Über die Kartoffeln nun die Sahne verteilen. Bei 220 Grad auf der mittleren Schiene des Backrohrs 30 Minuten backen.

Kartoffel-Fisch-Auflauf

1000 g Kartoffeln
800 g Kabeljau- oder Seelachsfilet
Saft einer Zitrone
Salz, Pfeffer
Margarine zum Einfetten
250 g Schinken
1 Zwiebel
¼ l saure Sahne
4 EL Semmelbrösel
4 EL Butter

Kartoffeln abbürsten und in der Schale 30 Minuten garen. Abschrecken, pellen und auskühlen lassen. Den gewaschenen Fisch mit Haushaltspapier trockentupfen und mit Zitronensaft beträufeln. Eine Auflaufform mit Margarine einfetten. Kartoffeln in Scheiben, Fisch in Stücke schneiden. Auflaufform mit Kartoffelscheiben auslegen. Leicht salzen. Gewürfelten Schinken darauf verteilen. Dann eine Schicht Fisch darüberlegen, leicht pfeffern. Zwiebeln schälen feingewürfelt darübergeben, dann wieder eine Schicht Kartoffeln drauflegen. mit Salz bestreuen, wieder eine Lage Fisch, eine Lage Kartoffeln und zum Schluß Fisch. Sahne verquirlen und über den Auflauf verteilen. Mit Semmelbrösel bestreuen und Butterflöckchen belegen. Im vorgeheizten Ofen auf mittlerer Schiene ca. 35 Minuten bei 220 Grad überbacken.

Béchamel-Kartoffeln

1000 g Kartoffeln
75 g Butter
4 TL Mehl
¼ l kräftige Fleischbrühe
¼ l Milch
Salz, weißer Pfeffer
1 Eigelb
100 g geriebener Gouda

Die Kartoffeln als Pellkartoffeln kochen, noch warm schälen und in Scheiben schneiden. 50 g Butter in einem Topf schmelzen, das Mehl einrühren. Mit der Fleischbrühe ablöschen, die Milch dazurühren und alles kurz aufkochen lassen. Bei schwacher Hitze einige Minuten ziehen lassen, mit Salz und Pfeffer abschmecken und das Eigelb unterrühren. Von dem Gouda rund drei Viertel in die Soße geben und die Kartoffelscheiben vorsichtig unterziehen, in eine Auflaufform füllen und mit dem restlichen Käse bestreuen. Butterflöckchen darauf verteilen und bei 220 Grad etwa 15 Minuten überbacken.

Pommes Gratin „Dauphinois“

1000 g Kartoffeln
1 EL feingehackte Petersilie
½ TL gerebelter Thymian
10 g Butter
1 Knoblauchzehe
100 g geriebener Emmentaler
400 ml Sahne
Salz, Pfeffer

Kartoffeln schälen, waschen und in 2–3 Zentimeter dicke Scheiben schneiden. Kräftig mit Salz, Pfeffer, Petersilie und Thymian würzen. Eine Auflaufform mit Butter ausstreichen. Knoblauchzehe schälen, durch die Presse drücken und in der Auflaufform verteilen. Eine nicht zu dicke Lage Kartoffeln einfüllen, Käse darüberstreuen und sofort mit einer weiteren Lage Kartoffeln und Käse abschließen. Mit Sahne auffüllen und die Kartoffeln im vorgeheizten Backofen bei 250 Grad ca. 30–40 Minuten garen.
Anmerkung: Die Pommes Gratin „Dauphinois“ eignen sich ebenso gut als Beilage zu Braten wie als selbständiges Gericht.

Kartoffel-Gratin

1000 g Kartoffeln
3 Zwiebeln
300 g Schweizer Emmentaler
30 g Butter
Salz, weißer Pfeffer
Knoblauchsalz
⅛ l Weißwein
30 g Butter

Kartoffeln abbürsten und ca. 30 Minuten garen. Zwiebeln schälen und in dünne Scheibchen schneiden, ca. 3 Minuten in kochendem Wasser blanchieren. Käse in dünne Scheiben schneiden. Die Kartoffeln abgießen, abschrecken, pellen und in ca. 1 Zentimeter dicke Scheiben schneiden. Eine Auflaufform mit Butter einfetten. Kartoffeln, Käse, Zwiebeln schichtweise in die Auflaufform geben. Salz, Pfeffer und Knoblauchsalz darüberstreuen. Mit Weißwein übergießen. Butter in Flöckchen obenauf setzen. Im vorgeheizten Ofen bei 220 Grad ca. 15 Minuten überbacken. Diese Variante ist auch mit rohen Kartoffelscheibchen möglich. Dann erhöht sich die Backzeit auf ca. 40–50 Minuten.

Kohlrabi-Kartoffelgratin mit Sonnenblumenkernen

500 g Kartoffeln
80 g Sonnenblumenkerne
150 g mittelalter Gouda
2 Scheiben Vollkornbrot
150 g Zwiebeln
30 g Butter
500 g Kohlrabi
2 Handvoll Kerbel (oder Petersilie)
Kräutersalz
wenig Curry
Muskatnuß
weißer Pfeffer
4 EL Joghurt
160 g Sahne
2 Eier

Die Sonnenblumenkerne in einer trockenen Pfanne goldgelb rösten. 3 EL beiseite stellen. Zuerst den Käse und anschließend das Vollkornbrot im Mixer zerkleinern. Die Sonnenblumenkerne und die Brösel mit 4 EL Käse mischen. Die Zwiebeln grob würfeln, in der Butter glasigbraten. Die Kohlrabi schälen, zarte Blättchen aufbewahren. Die Kartoffeln unter fließendem Wasser sauberbürsten, wenn nötig dünn schälen. Die Kohlrabi und die Kartoffeln grob raspeln, mit den Zwiebeln und dem restlichen Käse mischen. Die Kohlrabiblättchen und den Kerbel feinhacken, unter die Kartoffelmasse mischen. Mit Salz und den Gewürzen kräftig abschmecken. Die Masse in eine gefettete Auflaufform füllen. Den Backofen auf 180 Grad vorheizen. Den Joghurt, die Sahne und die Eier verrühren, mit Salz, Pfeffer und Muskatnuß abschmecken, über den Auflauf gießen. Die Bröselmischung darüber verteilen und mit den zurückbehaltenen Sonnenblumenkernen bestreuen. Den Auflauf auf die mittlere Schiene schieben und 40 Minuten backen, bis die Kruste knusprig ist. Dazu paßt ein gemischter Blattsalat.

Zucchini-Kartoffelgratin

750 g Kartoffeln
400 g Zucchini
2 Knoblauchzehen
1/2 Bund Thymian
1/4 l Sahne
Salz, frischgem. Pfeffer
40 g Butter

Die Kartoffeln waschen, schälen und in dünne Scheiben hobeln. Die Zucchini waschen und ebenfalls in Scheiben hobeln oder schneiden. Das Gemüse und die Kartoffeln dachziegelartig in eine gefettete Auflaufform schichten, mit Salz und Pfeffer würzen. Die Knoblauchzehen feinhacken, die Thymianblättchen abzupfen, beides über den Auflauf streuen. Butterflöckchen daraufsetzen. Die Sahne steifschlagen und auf der Oberfläche des Gemüses verteilen. Den Rost mit der Krümmung nach oben auf den Boden des Ofens schieben. Die Form daraufstellen und den Auflauf bei Grillstufe 1 und 600 Watt im Microwellenherd 14 bis 16 Minuten backen. Im Backrohr bei ca. 225 Grad ca. 70 Minuten backen. Dieses Gratin paßt gut zu Lamm oder Rinderfilet.

Kartoffel-Gratin schwedische Art

500 g Kartoffeln
8 Matjesfilets
4 Zwiebeln
50 g Butter
2 EL Öl
1/8 l Milch
1/8 l Sahne
Pfeffer
4-5 EL Semmelbrösel

Die Zwiebeln schälen, in Ringe schneiden und in Öl mit 20 g Butter glasigbraten. Die Matjesfilets unter lauwarmem Wasser gründlich waschen, trockentupfen und die Filets schräg in Stücke teilen. Die Kartoffeln waschen, schälen und in dünne Scheiben schneiden. Eine feuerfeste Form mit Butter einfetten. Eine Lage Kartoffeln hineinschichten, darüber eine Lage Matjesstücke. Mit gemahlenem Pfeffer würzen. Dann wieder Kartoffeln und Matjes. Den Abschluß soll eine Lage Kartoffeln bilden. Milch und Sahne verrühren. Die Semmelbrösel über die Kartoffeln streuen und mit der Milch-Sahne-Mischung begießen. Mit Butterflöckchen belegen. Die Form in den vorgeheizten Backofen schieben und 45 Minuten bei 200 Grad überbacken. In der Form servieren.

Salz-, Pell- und andere Kartoffeln

Salzkartoffeln Grundrezept

Festkochende oder vorwiegend festkochende Sorten waschen, schälen, auf ungefähr gleichgroße Stücke schneiden, in kaltes Wasser legen, aber nicht über längere Zeit wässern (weil die Kartoffeln sonst Vitamine, Mineralstoffe und Geschmack verlieren). Man kann sie auch mit einem nassen Tuch bedecken, bis sie in den Kochtopf kommen. Die Kartoffeln in einem Kochtopf mit gut schließendem Deckel aufsetzen, soviel kaltes Wasser auffüllen, daß es höchstens 2 Finger breit unter den obersten Kartoffeln steht. Höchstens 1 Teelöffel Salz in 1 Liter Wasser geben. Im geschlossenen Topf bei mittlerer Hitze ca. 20 Minuten (vom Kochen an gerechnet) garkochen lassen. Garprobe mit spitzem Küchenmesser (die Kartoffeln müssen sich ohne Widerstand einstechen lassen und leicht vom Messer abgleiten). Deckel schräg auflegen, mit Topflappen festhalten und Wasser abgießen. Die Kartoffeln ohne Deckel im Topf ca. 2 Minuten abdampfen lassen, dabei ein- oder zweimal aufschütteln. Werden die Kartoffeln nicht gleich serviert, nach dem Abdampfen mit einem weißen, sauberen Tuch, das den Dampf aufnehmen kann, lose bedecken und mit einem Deckel zudecken.

Frühkartoffeln (Juni bis August) kochen schneller. Man kann sie auch gleich in kochendem Wasser aufsetzen, eine Messerspitze Butter ins kochende Wasser verhindert das überkochen.

Pellkartoffeln Grundrezept

Um die wertvollen Inhaltsstoffe zu erhalten, sollten Kartoffeln möglichst als Pellkartoffeln zubereitet werden, besonders die Frühkartoffeln und die Kartoffeln aus der neuen Ernte. Kartoffeln, festkochende oder vorwiegend festkochende Sorte, gut waschen evtl. abbürsten. In einem Kochtopf mit gutschließendem Deckel mit kaltem Wasser aufsetzen, 1 TL Salz, 1 TL Kümmelsamen. Das Wasser braucht die Kartoffeln nicht zu bedecken. 20 bis 25 Minuten bei mittlerer Hitze kochen. Sofort Wasser abgießen und im offenem Topf ca. 2 Minuten abdampfen lassen, ein- bis zweimal umschütteln, bis die Kartoffeln abgetrocknet sind. Pellen für die Weiterverarbeitung oder in Schüssel mit Stoffserviette und Deckel bedeckt auftischen.

Tip: Pellkartoffeln lassen sich besser pellen, wenn man sie nach dem Abgießen kurz mit kaltem Wasser abschreckt.

Pfälzer Frühkartoffeln

Für Pellkartoffeln eignen sich am besten die festkochenden und die vorwiegend festkochenden Sorten. Kochen Sie Pellkartoffeln wie Gemüse, also den Kochtopf nur daumenhoch mit Wasser füllen. Wenn der Deckel gut schließt, reicht der Wasserdampf zum Garen. Sie sparen Energie und die wertvollen Inhaltstoffe der Kartoffeln bleiben besser erhalten.

Mit Gurken-Quark:

1 Salatgurke
250 g Speisequark
$^1/_8$ l Buttermilch
Salz, weißer Pfeffer
edelsüßes Paprikapulver
1 EL Zitronensaft
2–3 Knoblauchzehen
je 1 EL gehackte Petersilie, Dill
Schnittlauch

Die Salatgurke schälen, halbieren und die Kerne entfernen. Das Fruchtfleisch in etwa 1 Zentimeter dicke Streifen schneiden. Speisequark mit Buttermilch cremig rühren, mit den Gewürzen abschmecken. Den Zitronensaft und die zerdrückten Knoblauchzehen darunter rühren. Die Kräuter dazugeben. Die Gurkenstreifen in die Quarkmasse geben und zugedeckt eine Stunde kaltstellen.

Mit Gemüse-Quark:

Den Speisequark mit saurem Rahm, Kräutersenf, Tomatenmark, Paprikapulver und Schlagrahm cremig verrühren. Mit Salz und Pfeffer abschmecken. Das Gemüse feinwürfelig schneiden, Schnittlauch feinhacken und unter die Quarkmasse heben. Insbesondere auch im Frühjahr läßt sich dieser Quark mit beliebigen Küchenkräutern weiter verfeinern.

500 g Speisequark
$^1/_4$ l saurer Rahm
je 1 EL Kräutersenf
Tomatenmark und edelsüßes Paprikapulver
2 EL Schlagrahm
$^1/_2$ TL Salz, Pfeffer
1 große Zwiebel
4 kleine saure Gurken oder 1 frische Salatgurke
2 Tomaten
1 Bund Radieschen
1 Bund Schnittlauch

Gebackene Kartoffeln mit Speck und Käse

12 kleine gleichgroße Kartoffeln
12 Scheiben durchwachsener Speck
12 Grillzwiebeln
12 Würfel junger Gouda

Für die Form:
$^1/_8$ l Brühe
250 Quark
$^1/_4$ TL Salz
1 TL grüner eingelegter Pfeffer
1 große Gewürzgurke

Die Kartoffeln schälen und mit einer Speckscheibe einwickeln. In die Mitte je ein Holzstäbchen reinstecken und darauf eine geschälte Zwiebel. Die Kartoffeln in eine Auflaufform setzen und zugedeckt 20–30 Minuten in der Brühe garen. Dann den Deckel abnehmen und die Käsewürfel obenauf setzen. Abermals zudecken und (ca. 4 Minuten) fertig garen, bis der Käse schmilzt. Den Quark mit Salz abschmecken. Den grünen Pfeffer und die Gurke fein würfeln, unter den Quark rühren und zu den Kartoffeln reichen.

Gebackene Kartoffeln mit Liptauer-Käse

4 große, mehlige Kartoffeln
250 g Magerquark
125 g Butter
$^1/_4$ l saure Sahne
1 Zwiebel
3 Bund Schnittlauch
1 EL Edelsüß-Paprika
1 TL scharfer Senf
$1^1/_2$ EL Kapern
Salz, Pfeffer

Quark mit weicher Butter und Sahne schaumigrühren. Die Zwiebeln schälen und feinhacken. Zusammen mit den Gewürzen – mit Ausnahme des Schnittlauchs – hinzufügen und abschmecken. Dann dick mit feingeschnittenem Schnittlauch bestreuen und ca. eine Stunde im Kühlschrank kaltstellen. Inzwischen die Kartoffeln gut waschen, mit Öl bestreichen, kreuzweise einschneiden und in Alufolie wickeln. Im vorgeheizten Backofen bei 250 Grad ca. eine Stunde backen. Herausnehmen, Alufolie öffnen und mit Liptauer-Käse servieren.

Kartoffel-Kroketten

750 g Kartoffeln
2 Eier (getrennt)
2 EL Semmelbrösel
Muskatnuß
Salz, Mehl
Öl

Kartoffeln in der Schale kochen, heiß pellen und durch die Presse drücken. Mit den Eigelb, Semmelbröseln, Salz und geriebener Muskatnuß verrühren. Aus dem Teig etwa 2 Zentimeter dicke Rollen formen und davon ca. 5 Zentimeter lange Stücke abschneiden. Diese in Mehl, Eiweiß und zum Schluß in Semmelbröseln wenden und schwimmend in heißem Öl ausbacken. Herausnehmen aus dem Fritierbad, abtropfen lassen und sofort als Beilage servieren.

Schinken-Mandel-Kroketten

220 g Krokettenpulver
1/2 l Wasser
100 g gekochter Schinken
1 Eiweiß
250 g geröstete Mandelblättchen
1 l Öl oder
750 g Pflanzenfett

Das Wasser in eine Schüssel geben, das Krokettenpulver mit einem Schneebesen unterschlagen und 10 Minuten quellen lassen. Inzwischen den Schinken feinwürfeln und unter die Krokettenmasse mengen. Mit angefeuchteten Händen zu Kroketten formen, im leicht verquirlten Eiweiß und dann in den Mandelblättchen wenden. Das Öl oder Pflanzenfett in der Friteuse auf 180 Grad erhitzen und die Kroketten darin portionsweise ca. 4 Minuten goldbraun ausbacken. Auf Küchenkrepp abtropfen lassen.

Kartoffel-Wurst-Küchlein

500 g Kartoffeln
300 g Brühwurst oder Schinken
1 Bund Petersilie
1 Ei
2 TL Salz, weißer Pfeffer
Muskatnuß nach Geschmack
ca. 200 g Mehl
Butterschmalz

Die gekochten Pellkartoffeln vom Vortag schälen und in eine Schüssel reiben. Die Wurst oder den Schinken in kleine Würfel schneiden. Die Petersilie waschen und hacken. Beides zu den Kartoffeln geben. Mit Ei, Salz, Pfeffer und geriebener Muskatnuß vermengen. Etwas Mehl auf einen Teller geben, den Rest unter den Kartoffelteig kneten. Kleine Küchlein formen und in Mehl wenden. In einer Pfanne reichlich Butterschmalz erhitzen und die Küchlein darin goldbraun ausbacken.

Die Küchlein eignen sich als Hauptgericht, aber auch als Beilage zu Braten. Die Menge ist dann ausreichend für 6 – 8 Personen.

1000 g Kartoffeln
1 EL Kümmel
50 g durchwachsener Speck
2 Zwiebeln
30 g Butter
1 geh. EL Mehl
1/8 l Würfelbrühe
1/4 l süße Sahne
1/8 l saure Sahne
Salz, weißer Pfeffer
1 Prise geriebene Muskatnuß
1 TL gehackter Majoran
1 TL gehackte Petersilie

Rahm-Kartoffeln

Kartoffeln waschen und in Salzwasser mit Kümmel ca. 40 Minuten kochen. Abgießen, etwas abkühlen lassen, schälen und in dicke Scheiben schneiden. Speck in der erhitzten Butter auslassen. Geschälte, in Würfel geschnittene Zwiebeln dazugeben und glasig werden lassen. Mehl darüberstäuben und hell anschwitzen. Mit heißer Brühe sowie der Sahne aufgießen und aufkochen lassen. Mit Salz, Pfeffer, Muskat und Majoran abschmecken. Die Kartoffelscheiben hineingeben und bei schwacher Hitze heiß werden lassen. Vor dem Servieren mit Petersilie bestreuen.

Gratinierte Basilikum-Kartoffeln

600 g Kartoffeln
1 Bund Basilikum
1 Knoblauchzehe
$^1/_8$ l Sahne
Salz, Pfeffer
geriebene Muskatnuß
1 Stange Lauch
2 Eier

Eine feuerfeste Form mit Knoblauch ausreiben und mit der Hälfte der Sahne ausstreichen. Die gewaschenen Kartoffeln schälen und in dünne Scheibchen schneiden. Eine Lage davon in die Form geben, mit etwas Salz, Pfeffer und Muskatnuß würzen. Basilikum abspülen, trockentupfen und in feine Streifen schneiden. Den Lauch putzen und in dünne Ringe schneiden. Etwas Basilikum und Lauch auf die Kartoffeln streuen. Schichtweise so fortfahren, bis alles verbraucht ist. Die restliche Sahne mit den Eiern verquirlen und leicht salzen, über die Kartoffeln gießen und im vorgeheizten Backofen bei 200 Grad 25 Minuten garen. Paßt gut zu kurzgebratenem Fleisch aller Art.

Verschiedene Saucen zu gekochten Kartoffeln

Käsesauce zu Kümmelkartoffeln

250 g Frischkäse
1 kl. Zwiebel
1 Knoblauchzehe
1 TL scharfer Senf
1 TL Curry

Den Frischkäse durch ein Sieb passieren und cremig schlagen. Die Zwiebeln und Knoblauchzehe schälen, reiben und zusammen mit dem Senf und Curry zum Käse geben. Alles miteinander gut vermischen, abschmecken und zu Pellkartoffel, in Kümmel und Salzwasser gekocht, reichen.

Pizza-Sauce zu gekochten Kartoffeln

1 Knoblauchzehe
3 EL Olivenöl
1 Dose geschälte Tomaten
Salz
frisch gemahl. Pfeffer
1 TL gehackter frischer Oregano (oder getrocknet)
3 Blättchen frisches Basilikum

Den Knoblauch schälen, feinhacken und im heißen Öl glasigdünsten. Die Dosentomaten zugeben und mit einer Gabel die Tomaten zerkleinern. Ca. 30 Minuten bei kleiner Flamme einkochen lassen. Dann mit den Gewürzen abschmecken und nochmals 5 Minuten köcheln lassen. Diese Sauce wird über gekochte, geschälte Kartoffeln gegeben.

Eiersauce zu gekochten Kartoffeln

1000 g geschälte Kartoffeln
$^1/_2$ l Milch
1 $^1/_4$ l heiße Fleischbrühe
90 g Butter
1 EL Mehl
2 Bund gehackte Petersilie
3 Eigelb
Salz
frisch gemahl. Pfeffer

Die Milch mit der Fleischbrühe in einen großen Topf geben, die geschälten Kartoffeln hineingeben und ca. 25 Minuten weichkochen. Dann die Kartoffeln abgießen und die Brühe wieder auffangen. Die Butter mit dem Mehl verkneten und in der Brühe unter Rühren auflösen. Die Petersilie zugeben, kurz aufkochen lassen und die Sauce vom Herd nehmen. Die Eigelb nacheinander in die Sauce rühren umd mit Salz und Pfeffer abschmecken. Die Sauce wird dann zu den vorher darin gekochten Kartoffeln gereicht.

Irische Kartoffeln

250 g Magerquark
$^1/_8$ l Sahne
3 EL Milch
1 Bund Schnittlauch
$^1/_2$ TL gemahlener Kümmel
Salz
frisch gemahl. weißer Pfeffer

Alle Zutaten für diese Sauce miteinander verrühren und pikant abschmecken. Diese Sauce wird in Irland über gekochte Kartoffeln (geschälte) gegeben.

Kartoffelbrei

750 g mehligkochende Kartoffeln
1/4 l Milch
2 EL Sahne oder
1 TL Butter
Salz, Muskatnuß

Die Kartoffeln mit Schale kochen, abgießen, pellen und sofort durchpressen. Unter Rühren nach und nach die heiße Milch dazugeben, mit Salz und Muskat abschmecken. Sahne oder Butter unterziehen. Die Masse kräftig weiterschlagen bis ein schaumiges Püree entsteht.

Kartoffelnester mit Quark

1 Packung Kartoffelbrei
1/2 l Milch
1/4 l Wasser
2 Eigelb
1 Msp. Muskat
250 g Quark
1 EL gemischte Kräuter
1 TL Salz
1 EL gehackte, eingelegte Paprika
5 Oliven

Den Kartoffelbrei nach Vorschrift aus der Packung zubereiten, die Eigelb und das Muskat darunterrühren. Die Masse in einen Spritzbeutel mit großer Sterntülle füllen. Ein Backblech mit Alufolie auslegen, mit Fett bestreichen und darauf 12 Ringe je 7 Zentimeter Durchmesser und 4 Zentimeter Höhe spritzen. Vorsichtig mit Wasser verdünntem Eigelb bestreichen und bei 220 Grad 10 – 15 Minuten backen. Den Quark mit den Kräutern, Salz, Paprika und feingehackten Oliven vermischen, eventuell noch etwas Milch dazugeben und in jedes Nest geben. Dazu Salat reichen.

Schloßkartoffeln

1000 g junge, taubeneigroße Kartoffeln
Salz
60 g Butter
1 Bund Petersilie

Kartoffeln waschen, schälen und in siedendem Wasser 5 Minuten blanchieren. In kaltem Wasser abkühlen lassen, herausnehmen und trockentupfen. Butter in einer großen Pfanne erhitzen. Kartoffeln hineingeben, bei mittlerer Hitze langsam rund 15 Minuten goldbraun braten. Zwischendurch vorsichtig wenden und mit Salz abschmecken. In einer Schüssel mit gehackter Petersilie bestreut zu Fisch- oder Fleisch servieren.

Gefüllte Magyaren-Kartoffeln

8 große mehlige Kartoffeln
Salz
1 EL Kümmel
2 Paar Kolbasz oder Debreziner
1 Bund Petersilie
1 Bund Dill
2 Eigelb
6 EL Crème fraîche
Paprika edelsüß

Kartoffeln gründlich abbürsten, dann mit einem Holzstäbchen mehrmals einstechen. Reichlich Wasser mit Salz und Kümmel mischen und die Kartoffeln darin ca. 20 Minuten als Pellkartoffeln kochen. Dabei darf jedoch die Schale nicht aufbrechen. Die Kartoffeln abgießen und etwas abkühlen lassen. In der Zwischenzeit die Wurst häuten, längs in dünne Streifen, dann in kleine Würfelchen schneiden. Petersilie und Dill abspülen, trockentupfen und hacken. Die Kartoffeln längs halbieren, die Innenmasse bis auf einen knapp 1 Zentimeter dicken Rand mit einem Löffel herausheben und mit einer Gabel fein zerdrücken. Mit Eigelb, Crème fraîche, Wurst und Kräutern vermischen. Mit Paprika und Salz abschmecken. Wieder in die Kartoffelhälften in die Mitte setzen. Die Folie locker nach oben ziehen und gut zufalzen, nicht zusammendrücken. Die Kartoffeln später mit der gefalzten Seite nach oben in die Glut des Lagerfeuers oder auf den Grillrost legen. Nach 10 Minuten sind sie wieder heiß.

Brüh- oder Bouillonkartoffeln

1000 g Kartoffeln
750 g Rindfleisch
2 Liter Wasser
etwas Kümmel
1 Lauchstange
½ Sellerieknolle
3 große Möhren
Salz, Pfefferkörner
1–2 Lorbeerblätter
2 EL Petersilie

Das Wasser mit den Gewürzen zum Kochen bringen. Rindfleisch hineingeben, geschälte Sellerieknolle, geputzte Lauchstange und Möhren 30 Minuten später zufügen. Garkochen. Kartoffeln waschen, schälen, in nicht zu kleine Würfel schneiden und mit ca. 1,5 l Fleischbrühe auffüllen. Das Rindfleisch mit den Möhren in der restlichen Brühe warmstellen. Sellerieknolle und Lauchstange kleinschneiden, dazugeben, mit etwas Kümmel bestreuen. Einmal aufkochen lassen, umrühren, dann langsam garen. Feingehackte Petersilie drüberstreuen und evtl. noch etwas nachwürzen. Das Rindfleisch in nicht zu dünne Scheiben schneiden. Möhren einmal der Länge nach durchschneiden und alles zusammen auf einer Platte anrichten. Dazu pikant eingelegte Mixed pickles.

Rosmarin-Kartoffeln

750 g Kartoffeln
2 Knoblauchzehen
4 EL bestes Olivenöl
1 TL Rosmarinnadeln
1 TL grobes Meersalz

Die gewaschenen Kartoffeln schälen und vierteln. Die Knoblauchzehen schälen, zerdrücken und mit dem Öl mischen. Ein Backblech mit Alufolie auslegen und mit etwas Knoblauchöl bestreichen. Darauf die Kartoffeln verteilen, mit Rosmarin und Salz bestreuen, das restliche Knoblauchöl darüberträufeln. Die Kartoffeln im vorgeheizten Backofen (250 Grad) etwa 45 Minuten knusprig braun braten, gelegentlich wenden. Die Rosmarinkartoffeln schmecken hervorragend zu Lamm.

Kartoffelpüree in drei Varianten

1200 g mehligkochende Kartoffeln
75 g Butter
2 Eigelb
$^1/_8$ l Karotten- oder Möhrensaft
3 gekochte, pürierte Möhren
$^1/_2$ TL Salz
gemahl. weißer Pfeffer
1 Prise Muskat
Saft von $^1/_2$ Zitrone
1 Bund gemischte frische Kräuter (Petersilie, Dill, Schnittlauch, Kerbel)
$^1/_4$ TL Salz
1 EL Paprikapulver, edelsüß
1 EL Tomatenmark
$^1/_2$ Päckchen Frischrahmkäse
Salz und gemahl. Pfeffer
1 Eigelb

Die Kartoffeln waschen und mit der Schale etwa 20 – 25 Minuten kochen, abgießen, heiß schälen und sofort durch die Kartoffelpresse drücken (oder mit einem Kartoffelstampfer zerstampfen). Die Masse in drei gleiche Teile teilen und jedes Teil in eine Schüssel geben.

Für die erste Variante: Butter mit den Eigelb, Möhrensaft, Möhrenpüree, Salz, Pfeffer und Muskat in ein Teil geben und alles mit dem Schneebesen gut vermengen.

Für die zweite Variante: Zitronensaft mit den kleingeschnittenen Kräutern in den Mixaufsatz geben und durchmixen. Mit dem Salz dann zum zweiten Teil geben und wieder mit dem Schneebesen vermischen.

Für die dritte Variante: Tomatenmark mit Paprikapulver, Frischkäse, Salz und Pfeffer zum Püree geben.

Die Püreesorten nun abwechselnd in einen Spritzbeutel mit großer Sterntülle füllen und mit der hellen Masse beginnend auf einen großen runden Teller einen Kreis spritzen. Dann die grüne Masse daraufspritzen und zum Schluß die rote Masse. Als Abschluß in die Öffnung oben ein kleines Eigelb geben. – Wer möchte, kann jetzt über das Püree noch etwas flüssige Butter träufeln und kurz im vorgeheizten Backofen auf höchster Stufe überbacken.

Heiße Kartoffeln mit kalten Beilagen

(6 Personen)

Folienkartoffeln:

2500 g mehlige, gleich große Kartoffeln
4 EL Butter
2 EL Kümmel

Die Kartoffeln unter kaltem Wasser abbürsten und trockenreiben. Die Alufolie dünn mit Butter bestreichen und mit Kümmel bestreuen. Die Kartoffeln einzeln darin einwickeln und in der auf 220 Grad vorgeheizten Backröhre eine Stunde backen. In der Folie servieren.

Kräuterquark:

250 g Speisequark (20 %)
3 EL Milch
$\frac{1}{2}$ Bund Schnittlauch
$\frac{1}{2}$ Bund Dill
$\frac{1}{2}$ Bund Petersilie
1 kleine Zwiebel
1 Knoblauchzehe
$\frac{1}{4}$ TL Salz
1 Prise weißer Pfeffer
1 TL gehackter Schnittlauch

Den Quark in einer Schüssel mit der Milch glattrühren. Die Kräuter waschen, gut abtropfen lassen und feinwiegen oder kleinschneiden. Die Zwiebeln und den Knoblauch schälen und auf einer Reibe feinraspeln. Die Kräuter, die Zwiebel, den Knoblauch, das Salz und den Pfeffer unter den Quark rühren, nochmals würzig abschmecken und mit dem Schnittlauch bestreut servieren.

Creme fraîche:

2 Gläser Crème fraîche
Salz
Radieschenscheiben und Petersilie

Die Crème fraîche mit Salz abschmecken, in eine Glasschale füllen und mit den Radieschenscheiben und Petersilie garnieren.

Matjeswürfel:

6 – 8 Matjesfilets
1 kleine Zwiebel
weißen Pfeffer aus der Mühle
Eischeiben und Gewürzgurke

Sehr salzige Matjesfilets einige Stunden in kaltes Wasser legen, das Wasser dabei öfters erneuern. Die Filets danach auf Küchenkrepp trocknen. In kleine Würfel schneiden. Die Zwiebel schälen und feinhacken. Unter die Matjeswürfel mischen. Mit dem Pfeffer bestreuen und in eine Glasschale füllen. Mit Eischeiben und gefächerter Gewürzgurke garnieren.

Dazu ein kühles Bier und einen Klaren reichen.

Kräuterbutter:

250 g weiche Butter
1 Msp. Pfeffer
1 Msp. Zucker
$\frac{1}{2}$ TL Salz
1 TL Zitronensaft
3 EL gehackte Kräuter
Alufolie

Die Butter mit den Gewürzen und dem Zitronensaft gut verrühren, $1\frac{1}{2}$ Zentimeter dick auf Alufolie streichen und kühlstellen. Mit dem Bundmesser aufschneiden.

Kaviar:

Eiswürfel
ca. 150 g Kaviar

Zerhackte Eiswürfel in eine etwas größere Schüssel geben, den Kaviar in eine kleinere füllen und daraufstellen (eiskalt servieren!).

Pommes frites

Rohe, geschälte, möglichst große Kartoffeln in Scheiben und diese dann in fingerdicke Stäbchen aufschneiden, mit einem Küchentuch gut abtrocknen. In einem Topf mit Drahtkorb-Einsatz oder in der Friteuse reichlich Öl heiß werden lassen. Die Kartoffelstäbchen portionsweise in den Drahtkorb geben und in das heiße Fett tauchen. Der Drahtkorb muß bei dem Fritiervorgang ab und zu bewegt werden. Nach 5 Minuten den Korb herausnehmen und abtropfen lassen. Das Fett soll in dieser Zeit weiter erhitzt werden, damit das aus den Kartoffeln aufgenommene Wasser abgegeben wird. Dann die Kartoffelstäbchen in dem Einsatz wieder in das heiße Fett tauchen und schön goldbraun werden lassen. Die Pommes frites herausnehmen, abtropfen lassen, mit Salz bestreuen und servieren. Die Pommes frites sollten außen knusprig, innen aber weich sein. Das Fritierbad soll immer nur eine Fettsorte enthalten, da es sonst hochsteigt und schäumt.

Spanische Pommes-frites

600 g tiefgefrorene Pommes Frites oder Kartoffelstäbchen
1 kleine Dose Erbsen
Salz
Zucker
2 EL gehackte Petersilie
100 g geräucherter, durchwachsener Speck
100 g Fleischwurst
Salz, Pfeffer
1 TL Öl
6 Eier
3 EL Mineralwasser

Den Grill des Backofens auf 200 Grad vorheizen. Die tiefgefrorenen Pommes frites oder die frisch geschnittenen Kartoffelstäbchen auf der Fettpfanne des Backofens verteilen und so lange backen, bis sie die gewünschte Bräunung erreicht haben. Zwischendurch mehrmals wenden. Das dauert ca 15 bis 20 Minuten. Inzwischen die Erbsen mit ihrer Flüssigkeit sowie einer Prise Salz, einer kleinen Prise Zucker und der Petersilie erhitzen. Nachdem die Pommes frites gar sind, werden sie mit dem in feine Streifen geschnittenen Speck und der in etwa ½ Zentimeter breite Streifen geschnittenen Fleischwurst vermischt und nochmals 3 – 5 Minuten in den Backofen geschoben. Inzwischen die Erbsen abgießen und die Eier mit Salz, Pfeffer und Mineralwasser verquirlen. Pommes frites-Speck-Fleischwurst-Mischung aus dem Backofen nehmen und in eine flache feuerfeste Form schichten. Salzen und Öl zugeben. Erbsen zwischen die Pommes frites verteilen und die geschlagenen Eier darübergießen. Noch einmal in den Ofen schieben und solange überbacken, bis die Eier gestockt und die Oberfläche goldbraun ist. Dazu paßt hervorragend Kopfsalat.

Pommes frites Schlemmerart

750 g tiefgekühlte Pommes frites oder Kartoffelstäbchen
je 1 rote und grüne Paprikaschote
100 g gekochter Schinken
8 Scheiben Emmentaler
100 g Salami

Den Backofen auf 200 Grad vorheizen. Die Paprikaschoten waschen, entkernen und in dünne Streifen schneiden. In die Fettpfanne des Backofens geben, darüber die Kartoffelstäbchen legen und in den Backofen schieben. Ab und zu wenden, bis der gewünschte Bräunungsgrad erreicht ist. Salami und Schinken in feine Streifen schneiden und mit den Kartoffelstäbchen und den Paprikaschoten mischen. Alles in eine feuerfeste Form geben, mit den Käsescheiben bedecken und nochmals so lange grillen, bis der Käse geschmolzen und die Oberfläche goldgelb geworden ist.

Kuchen und Nudeln

Kartoffel-Apfel-Streuselkuchen

Für den Teig:
100 g Kartoffeln
100 g Butter
150 g Zucker
1 Ei
abgeriebene Schale von ½ Zitrone
20 g Haselnüsse
250 g Mehl
1 Päckchen Backpulver

Die Kartoffeln möglichst schon am Vortag als Pellkartoffeln kochen. Die Butter mit dem Zucker schaumigrühren, das Ei, die Zitronenschale, geriebene Haselnüsse und die gepellten, geriebenen Kartoffeln einrühren. Das Mehl sieben und mit dem Backpulver vermischen. Löffelweise in den Teig einrühren. Eine Springform einfetten und mit Semmelbrösel ausstreuen. Zwei Drittel des Teiges in die Form füllen und dann die Oberfläche glattstreichen.

Die Äpfel schälen und das Kernhaus mit einem Apfelausstecher ausstechen. Die Äpfel kurz kalt abbrausen und in dünne Scheiben schneiden. Die Apfelscheiben auf den Teig verteilen. Darauf die Rosinen und den Zimt streuen, die Marmelade darüberstreichen.

Für den Streusel: Das restliche Mehldrittel mit der Butter und dem Mehl mit den Fingern krümeln. Die krümel auf den Kuchen streuen und die Form in den auf 200 Grad vorgeheizten backofen auf Mittelschiene schieben und 45 Minuten backen. Nach dem Backen den Kuchen in der Form leicht auskühlen lassen und dann den Springformrand abnehmen und den Kuchen auskühlen lassen Vor dem Anschneiden mit Puderzucker besieben.

Für den Belag:
250 g Äpfel
50 g Rosinen
1 TL gemahl. Zimt
100 g Johannisbeermarmelade

Für die Streusel:
1 EL Butter
3 EL Mehl

Herzhafter Kartoffelkuchen

8–10 Kartoffeln
3 Zwiebeln
½ Pfund Mettwürstchen oder Kochsalami
2 Tassen Paniermehl
1½ TL Salz
etwas Muskat
2 Eier
10 Scheiben durchwachsener Speck

Die Kartoffeln schälen, waschen und reiben. Zwiebeln schälen, würfeln, Wurst kleinschneiden, alles in eine Schüssel geben und zu einem Teig verkneten. Paniermehl, Salz, Muskat und Eier hinzufügen, alles nochmals gut miteinander vermengen. Eine Springform einfetten und den Teig hineingeben. Mit Speckscheiben belegen. Im vorgeheizten Backofen bei 220 Grad ca. zwei Stunden backen.

Erdäpfel-Strudel

Teig:
250 g Mehl
2 EL Öl
1 Ei
⅛ l Wasser
1 TL Essig
1 Prise Salz

Belag:
300 g Kartoffeln
50 g Zucker
80 g Butter
2 Eier
⅛ l saure Sahne
50 g geriebene Mandeln
20 g Rosinen
1 Prise Salz
½ unbehandelte Zitrone
1 Päckchen Vanillinzucker
¼ l Milch
40 g Butter

Für den Teig Mehl mit Wasser, Öl, Essig, Ei und Salz zu einem Teig verarbeiten, gut durchkneten, er muß sich glatt und geschmeidig anfühlen. In Alufolie einwickeln und im Kühlschrank mindestens eine halbe Stunde ruhen lassen. Die Kartoffeln schälen, waschen und im Kartoffel-Dampftopf weichdämpfen, durch ein Sieb streichen oder durch die Presse drücken. Butter, Zucker, zwei Eigelb mischen und mit dem Mixer schaumigrühren. Salz, geriebene Schale einer halben Zitrone dazugeben, die Kartoffeln, saure Sahne, Mandeln und Rosinen hinzufügen, Eiweiß steifschlagen und unterziehen.

Auf einem mit Mehl bestäubten Küchentuch den Teig so lange ausziehen, bis er ganz durchsichtig ist, mit flüssiger Butter bestreichen. Die Kartoffelmasse auf den Teig setzen und auf vier Fünftel des Teiges verteilen. Strudel fest einrollen. Außen mit Butter einpinseln. Eine rechteckige Auflaufform einfetten und den Strudel hineingeben. Im vorgeheizten Backofen bei 180 Grad ca. 20 Minuten backen. Milch mit Vanillinzucker aufkochen und über den Strudel gießen. Solange backen, bis die ganze Flüssigkeit aufgesogen ist. Heiß servieren. Dazu gibt es Vanillesauce.

Rheinischer Döbbekuchen

2000 g Kartoffeln
2 altbackene Brötchen
1 große Zwiebel
125 g Frühstücksspeck
1 Apfel
2 Eier
2 EL Salz
2 EL Kartoffelmehl
50 g Margarine für die Form

Die rohen Kartoffeln schälen, reiben und zum Abtropfen in ein Sieb geben. Die Brötchen einweichen, ausdrücken und etwas auseinanderzupfen. Die Zwiebel schälen und ebenfalls reiben. Den Frühstücksspeck und den geschälten Apfel kleinwürfeln. Die Kartoffeln mit den Brötchen, der Zwiebel, dem Frühstücksspeck, dem Apfel, den Eiern, dem Salz und dem Kartoffelmehl vermengen. Eine Keramikform einfetten, den Kartoffelteig einfüllen und im vorgeheizten Backofen bei 230 Grad ca. 2 Stunden backen. Während der ersten 1½ Stunden mit Alufolie abdecken. Dazu gemischten Salat und Bier reichen.

Hessische Kartoffeltorte

500 g Kartoffeln
9 Eier
250 g Zucker
15 EL Zitronensaft
Schale von 1½ Zitronen, gerieben
50 g gehackte Mandeln
1 geh. EL Grieß
1–2 EL Semmelbrösel
Fett für die Form
Puderzucker zum Bestreuen

Kartoffeln waschen, schälen, halbgar (ohne Salz) kochen und reiben. Eiweiß steifschlagen und mit 125 g Zucker weiterschlagen. Eigelb mit dem Rest des Zuckers schaumig schlagen. Übrige Zutaten zugeben. Kartoffeln und Eischnee zuletzt unterziehen. Eine Springform fetten und mit Semmelbröseln ausstreuen. Teig einfüllen. Im vorgewärmten Backofen bei ca. 175–180 Grad 1½ Stunden backen. Eventuell mit Papier abdecken. Den aus der Form gelösten Kartoffelkuchen mit Puderzucker bestreuen und auskühlen lassen.

Süße Kartoffel-Hörnchen

250 g Kartoffeln
300 g Mehl
1 Päckchen Backpulver
100 g Zucker
1 Päckchen Vanillinzucker
1 Prise Salz
2 Eier
75 g Margarine
75 g geriebene Haselnüsse
250 g Aprikosenmarmelade
Margarine
1 Eigelb
2 EL Milch

Kartoffeln am Vortag schälen, waschen und in Salzwasser 20 Minuten kochen, abgießen, trockendämpfen, abkühlen und zugedeckt an einen kühlen Ort stellen. Am nächsten Tag auf einer feinen Reibe in eine Schüssel reiben. Mehl mit Backpulver mischen, auf ein Backbrett geben und in die Mitte eine Mulde drücken. Zucker, Vanillinzucker, Salz und Eier hineingeben. Margarine in Flöckchen auf den Mehlrand setzen. Haselnüsse und geriebene Kartoffeln darüberstreuen. Alles schnell von außen nach innen zu einem glatten Teig kneten. 30 Minuten zugedeckt im Kühlschrank ruhen lassen. Die Hälfte des Teiges auf dem bemehlten Backbrett $\frac{1}{2}$ Zentimeter dick zu einer runden Platte ausrollen (Durchmesser 30 Zentimeter). Die Platte wie eine Torte in 12 Stücke schneiden. Auf jedes Stück an dem breiten Ende $\frac{1}{2}$ TL Aprikosenmarmelade setzen. Teig zur Spitze hin zu Hörnchen aufrollen. Ein Backblech einfetten, die 12 Hörnchen daraufsetzen. Eigelb und Milch verquirlen und die Hörnchen damit bestreichen. Das Blech in vorgeheiztem Ofen auf die mittlere Schiene schieben und ca. 25 Minuten bei 200 Grad backen. Hörnchen vorsichtig ablösen und auf einem Kuchenteller abkühlen lassen.

Kartoffel-Quarkkeulchen

500 g Kartoffeln
250 g Quark
2 Eier
50 g Mehl
75 g Zucker
Salz, Zimt
abgeriebene Schale einer ungespritzten $\frac{1}{2}$ Zitrone
75 g Rosinen
50 g kernige Haferflocken
40 g Butter

Die Kartoffeln am Vortag waschen, kochen, pellen und noch heiß durch die Kartoffelpresse drücken. Am nächsten Tag mit Quark, Eiern, Mehl, Zucker, Salz, Zimt und Zitronenschale zu einem geschmeidigen Teig verkneten. Die Rosinen überbrühen, fünf Minuten quellen lassen und abtrocknen. Mit etwas Mehl bestäubt unter den Teig kneten. Mit einem Eßlöffel Klöße von etwa fünf Zentimetern Durchmesser flach abstechen und in Haferflocken wenden. In heißer Butter auf jeder Seite etwa drei bis vier Minuten braten. Diese Spezialität aus Sachsen wird als Süßspeise mit Kompott gegessen.

Kartoffel-Waffeln

250 g Kartoffeln
60 g Butter
4 Eier (getrennt)
1 EL Mehl
6 EL Sahne
Zucker
gemahlener Zimt

Die Kartoffeln als Pellkartoffeln kochen, schälen, fein reiben und auskühlen lassen. Butter und Eigelb schaumigrühren, Mehl und Sahne dazugeben und gut verrühren. Nach und nach die geriebenen Kartoffeln unterrühren. Ist die Masse zu dick, noch etwas Sahne zufügen. Das Eiweiß zu festem Schnee schlagen und vorsichtig unter den Teig ziehen. Waffeleisen einfetten, pro Waffel 1 Eßlöffel Teig einfüllen und goldgelb bakken. Die fertigen Waffeln mit Zucker und Zimt bestreuen.

Kartoffelteig mit Weinchaudeau

200 g geriebene, gekochte Kartoffeln (vom Vortag)
150 g Zucker
5 Eigelb
50 g geriebene Mandeln
abgeriebene Schale von 1/2 Zitrone
1/2 TL Salz
einige Tropfen Arrak oder Rum
25 g feiner Grieß
Eiweiß, Margarine, Semmelbrösel

Weinschaudeau:
2 Eigelb
1 ganzes Ei
120 g Zucker
1/4 l trockener Weißwein

Den Zucker mit den Eigelb in eine Schüssel geben und mit dem Mixgerät schaumigschlagen, bis der ganze Zucker gelöst ist. Dann nacheinander die geriebenen Mandeln, Zitronenschale, Salz, Arrak und Grieß einrühren. Die Kartoffelmasse dazugeben, die Eiweiß zu steifem Schnee schlagen und zum Schluß unter den Teig ziehen. Eine Form mit Alufolie auskleiden. Die Folie mit Margarine einstreichen und mit Semmelbrösel ausstreuen. Den Teig einfüllen und die Oberfläche glattstreichen. Die Form in den auf 200 Grad vorgeheizten Backofen (Mittelschiene) schieben und 70 Minuten backen. Nach dem Backen die Form aus dem Ofen nehmen und lauwarm abkühlen lassen. Nun den Kuchen auf ein Küchengitter setzen, die Form abheben und völlig auskühlen lassen. Kuchen mit 1 EL Puderzucker besieben.

Für das Weinchaudeau alle Zutaten in eine hitzebeständige Schüssel geben. In ein heißes Wasserbad stellen (das Wasser darf nicht kochen, unter dem Siedepunkt halten!) und alles mit dem Schneebesen so lange aufschlagen, bis sich das Volumen verdoppelt hat. Die Weinschaumsauce soll schaumig vom Löffel fallen. Noch warm zum Kuchen servieren.

Feine Kartoffeltorte

600 g mehlige Kartoffeln
200 g Zucker
8 Eier (getrennt)
je 1 Prise Nelken, Zimt, Salz
125 g Walnüsse
2 EL geriebene Mandeln
Butter
250 g Puderzucker
1 TL Zimt
2 Eiweiß
Zitronensaft

Die Kartoffeln am Vortag als Pellkartoffeln kochen. Am nächsten Tag schälen und fein reiben. Den Zucker mit 8 Eigelb schaumigschlagen und mit der Kartoffelmasse mischen. Feingehackte Walnüsse, Nelken, Zimt und Salz unterheben. Die 8 Eiweiß steifschlagen und vorsichtig unter den Teig ziehen. Eine Springform mit Butter einfetten und mit geriebenen Mandeln ausstreuen. Den Teig einfüllen und im vorgeheizten Backofen bei 200 Grad auf der unteren Schiene 90 Minuten backen. Im Ofen abkühlen lassen. Den Puderzucker mit Zimt, Eiweiß und Zitronensaft verrühren. Mit dieser Glasur die abgekühlte Torte überziehen.

Kleingebäck aus Kartoffelteig

250 g Kartoffeln
100 g Butter
100 g Zucker
250 g Mehl
1 Päckchen Backpulver
2 Eier
abgeriebene Schale von 1 Zitrone (ungespritzt)
3 EL Aprikosenmarmelade

Am Vortag die Kartoffeln als Pellkartoffeln kochen. Die weiche Butter mit dem Zucker verarbeiten. Das Mehl mit dem Backpulver zusammen auf eine Arbeitsplatte sieben. In die Mitte eine Vertiefung drücken, die gepellten und geriebenen Kartoffeln, die Eier und die abgeriebene Zitronenschale hineingeben. Auf den Mehlrand die Zuckerbutter in Flöckchen setzen und mit kühlen Händen kneten. Zu einer Kugel formen, in Folie einschlagen und 30 Minuten im Kühlschrank ruhen lassen. Den Teig auf leicht bemehlter Arbeitsfläche ca. ½ Zentimeter dick ausrollen und beliebige Plätzchen ausstechen. Die Plätzchen auf ein leicht gefettetes Backblech legen und im vorgeheizten Backofen bei 200 Grad ca. 10 Minuten hellbraun backen. Die Plätzchen nach dem Backen vom Blech nehmen und abkühlen lassen.

Glasur:
70 g Puderzucker
1 EL Rum
Belegkirschen

Für die Aprikosenglasur die Marmelade in einem Töpfchen unter Rühren erhitzen und die Plätzchen damit einstreichen. Die Aprikotur fest werden lassen. Dann die Hälfte der Plätzchen damit dick bestreichen. Etwas fest werden lassen und mit halbierten Belegkirschen garnieren.

Kartoffel-Taschen

250 g gekochte, mehlige Kartoffeln
250 g Mehl
1 Päckchen Backpulver
1 Ei
1 EL Milch
75 g Buter
100 g Zucker
1 Prise Salz
abgeriebene Schale von 1 Zitrone
½ Tasse Marmelade
1 Eigelb

Backpulver unter das gesiebte Mehl mischen, die gekochten Kartoffeln reiben und ebenfalls daruntermischen, mit den Händen verkneten. Dann das Ei mit 1 EL Milch verschlagen und daruntergeben. Butter zerlaufen lassen und zusammen mit dem Zucker, Salz und der abgeriebenen Zitronenschale unter den Teig mischen. Mit bemehlten Händen den Teig gut durcharbeiten und anschließend auf einem bemehlten Brett ½ Zentimeter dick ausrollen. Mit einem Teigrädchen Quadrate ausrollen, Eigelb mit Wasser verschlagen und die Teigränder damit bestreichen. Auf die Quadrate je 2 TL Marmelade geben. Die Quadrate über Eck zusammenschlagen und auf ein gefettetes Backblech legen. Mit dem restlichen verquirlten Eigelb bestreichen und im vorgeheizten Ofen bei 200 Grad ca. 40 Minuten backen.

Kartoffel-Plätzchen

500 g Kartoffeln
1 Ei
2 EL süße Sahne
ca. 2 EL Mehl
¼ TL getr. Thymian
geriebene Muskatnuß
Salz, Pfeffer
Fett oder Öl zum Braten

Die Kartoffeln als Pellkartoffeln kochen, abgießen, ausdämpfen lassen und schälen. Mit einer Gabel zerdrücken und erkalten lassen. Dann mit Ei, Sahne, Mehl und Gewürzen verrühren. Der Teig soll so weich sein, daß man ihn in der Pfanne mit einem Löffel leicht auseinanderdrücken kann. In reichlich Fett Plätzchen von etwa 5 Zentimetern Durchmesser ausbacken (ca. 10 Minuten bei mittlerer Hitze). Paßt gut zu Wildgerichten oder Lammkoteletts.

Mandel-Kartoffel-Kuchen

250 g Kartoffeln
6 Eigelb
150 g Zucker
1 Prise Salz
abgeriebene Schale einer halben Zitrone
100 g gemahlene Mandeln
50 g Zitronat
6 Eiweiß
Butter zum Einfetten
1 EL Semmelbrösel

Am Vortag die Kartoffeln als Pellkartoffeln kochen, abziehen und zugedeckt stehen lassen. Am nächsten Tag fein reiben. Eigelb mit Zucker und Salz sehr schaumig rühren. Nach und nach Zitronenschale, Mandeln und das feingeschnittene Zitronat dazugeben. Kartoffeln untermischen. Eiweiß steif schlagen. Vorsichtig unterziehen. Eine Form mit Butter einfetten und mit Semmelbrösel ausstreuen. Teig einfüllen, bei 180 Grad ca. 40 Minuten backen.

Powidl-Tatschkerl

1000 g Kartoffeln
250 g Mehl
2 Eier
200 g Pflaumenmus
1 TL Rum
1 Ei
je 50 g Butter
Semmelbrösel und
Zucker
1 TL Zimt

Kartoffeln am Vortag abbürsten und ca. 30 Minuten in Salzwasser garen. Abgießen, abschrecken und pellen.

Noch heiß durch die Kartoffelpresse drücken und über Nacht zugedeckt stehen lassen. Dann mit Mehl, Eiern und etwas Salz zu einem Teig verkneten. Auf einer bemehlten Arbeitsfläche 3 mm dick ausrollen. Plätzchen von 8 Zentimeter Durchmesser ausstechen. Pflaumenmus mit Rum in einer Schüssel verrühren. Jeweils einen halben Teelöffel davon auf die Plätzchen geben. Die Ränder gut andrücken. Reichlich Wasser mit Salz in einem Topf zum Kochen bringen. Tatschkerl reinlegen und bei schwacher Hitze 8 Minuten ziehen lassen. Mit einem Schaumlöffel herausnehmen, gut abtropfen lassen und in einer vorgewärmten Schüssel anrichten. Butter in einer Pfanne erhitzen. Semmelbrösel 3 Minuten darin anrösten. Über die Powidl-Tatschkerl streuen. Zucker und Zimt mischen und getrennt dazu reichen.

Kartoffel-Gnocchi überbacken

Die Kartoffeln in der Schale kochen, pellen und durch eine Presse oder ein Sieb drücken. Zusammen mit dem Mehl und den Eigelb zu einem Teig kneten. Mit Thymian und Salz würzen. Aus dem Teig mit einem Löffel walnußgroße Kugeln stechen, in kochendes Salzwasser einlegen und 10 Minuten garziehen lassen, nicht kochen! Herausnehmen und abtropfen lassen. Eine Auflaufform einfetten und die Gnocchi hineinlegen. Mit der Sahne übergießen und mit Käse bestreuen. Dann die Butter in Flöckchen darüber verteilen. Die Form in den vorgeheizten Ofen (200 Grad) auf die mittlere Schiene stellen, 15 Minuten überbacken und in der Form servieren.

1000 g Kartoffeln
200 g Mehl
3 Eigelb
1 TL getrockneter Thymian
$\frac{1}{4}$ l Sahne
50 g geriebener Emmentaler
40 g Butter

Kartoffel-Stangen

125 g Kartofeln
125 g Butter
125 g Mehl
Salz nach Geschmack
1 Ei
Kümmel
grobes Salz
Mohn

Die Kartoffeln als Salzkartoffeln kochen und mit Butter, Mehl und Salz zu einem Teig verkneten und abschmecken. Den Teig in vier Portionen teilen, zu Rollen formen und jede Rolle in 15 Stücke schneiden. Aus jeder Portion eine kleine, fingerlange Stange rollen, mit einem Messer mehrmals einkerben sowie mit verquirltem Ei bestreichen. Die Stangen abwechselnd mit Kümmel, grobem Salz und Mohn bestreuen. Bei 100 Grad im Backofen etwa 10 Minuten goldgelb backen.

Schupfnudeln

750 g Kartoffeln
600 g Mehl
1 Ei
Salz
100 g Butter
¼ l Wasser
100 g gemahlener Mohn
175 g Zucker
½ TL Zimtpulver

Die Kartoffeln schälen, waschen und garkochen, noch heiß durchpressen, etwas abkühlen lassen und mit Mehl, Ei und Salz verkneten. Den Teig zu 2 Rollen formen, Scheiben abschneiden und zu fingerdicken Nudeln formen. In kochendes Salzwasser geben und bei schwacher Hitze 5 Minuten ziehenlassen. Mit einem Schaumlöffel herausheben, abtropfen lassen und in der heißen Butter oder Margarine schwenken. Für die Mohnsauce das Wasser mit dem Mohn, dem Zucker und Zimt aufkochen lassen und bei schwacher Hitze ca. 10 Minuten köcheln lassen. Gelegentlich rühren. Die Schupfnudeln in eine Schüssel geben und mit etwas Mohnsauce übergießen. Die restliche Sauce getrennt reichen.

Kartoffelnockerl mit Kräutern

500 g Kartoffeln
100 g feiner Spinat
1 EL Butter
4 EL Petersilie
je 1 EL Schnittlauch, Basilikum und Majoran
2 Eigelb
175 g Emmentaler Käse
75 g Mehl
Zitronensaft
Butter zum Einfetten und für Butterflöckchen
Salz, Muskatnuß

Die Kartoffeln schälen, garkochen und noch warm zerstampfen. Den Brei mit ½ EL Butter und Salz auf den Herd stellen und unter ständigem Rühren trocknen. In einem gesonderten Topf den gehackten Spinat blanchieren. Kartoffeln, Spinat, Eier, 100 g feingeriebener Käse und die feingehackten Kräuter gut vermischen. Mehl hinzufügen und mit Salz, etwas geriebener Muskatnuß und einigen Tropfen Zitronensaft abschmecken. Gründlich durchkneten. Ofen auf 200 Grad heizen. Die Nockerl am besten mit zwei Teelöffeln vom Teig abstechen. Der Teig ist sehr klebrig, und das vereinfacht die Zubereitung. Reichlich Wasser mit Salz zum Kochen bringen und die Nockerl in dem leicht siedenden Wasser garkochen. Nockerl sind gar, wenn sie nach oben kommen. Mit einem Schaumlöffel herausnehmen, abtropfen lassen und in eine große gebutterte Auflaufform geben. Mit dem restlichen Käse bestreuen und mit Butterflöckchen besetzen. Kurz in den vorgeheizten Ofen stellen, bis der Käse ganz verlaufen ist.

Omas Kartoffelnudeln

500 g Kartoffeln
3 EL Mehl
2 EL Speisestärke
Salz, Pfeffer
geriebene Muskatnuß
Fett zum Braten

Kartoffeln als Pellkartoffeln kochen, schälen und etwas abkühlen lassen. Durch eine Kartoffelpresse drücken und mit Mehl, Speisestärke sowie den Gewürzen zu einem glatten Teig verarbeiten (wenn der Teig zu fest ist, etwas Wasser untermischen). Auf einem mit Mehl bestäubten Backbrett daumendicke Rollen formen, nußgroße Stücke davon abschneiden und zu fingerdicken Nudeln drehen. Die Nudeln in 1 Liter siedendes Salzwasser legen. Sobald die Nudeln an die Oberfläche steigen, mit einem Schaumlöffel herausheben, auf ein Sieb geben und mit kaltem Wasser abschrecken. Ausgebreitet auf einer großen Platte einige Stunden trocknen lassen, dann in reichlich Fett goldbraun braten. Die Kartoffelnudeln passen zu Wildgerichten, Rindfleisch oder Lammkoteletts.

Kartoffeln in Küche und Keller

Kaufen Sie keine „Katze im Sack“

Angesichts der Tatsache, daß zur Zeit rund 140 Kartoffelsorten angeboten werden (die meisten allerdings nur regional), ist es für uns Verbraucher gar nicht so einfach, sich einen genauen Überblick zu verschaffen. Spätestens im Laden um die Ecke oder im Supermarkt wird die Qual zur Wahl. Doch keine Angst, klar geregelte Qualitätsvorschriften sorgen dafür, daß keine schlechte oder unsortierte Ware in die Regale kommt. So dürfen in den Handelsklassen „Klasse Extra“ und „Klasse I“ nur sortenreine, gesunde, ganze, feste und saubere Kartoffeln angeboten werden. Zudem müssen die Knollen über einen Mindestdurchmesser verfügen, und dürfen in abgepackter Form fremde Bestandteile (wie zum Beispiel lose Erde oder Keime) nur bis zu einem Anteil von ein bis zwei Prozent enthalten. Packungen bis zu fünf Kilogramm Gewicht dürfen keinerlei fremde Bestandteile enthalten. Auf der Verpackung müssen darüber hinaus Handelsklasse, Sortenbezeichnung, Kochtyp, Einfüllgewicht und Packbetrieb aufgeführt sein. Ausnahmen bilden lediglich Kartoffeln, die direkt vom Hof des Erzeugers abgeholt werden.

Kocheigenschaften und Geschmack

Nach Paragraph 1 der Handelsklassenverordnung dürfen Kartoffeln nur als Speisekartoffeln verkauft werden, wenn sie vom Bundessortenamt als Speisesorten eingestuft worden sind. In Deutschland werden ungefähr 45 Speisesorten in nennenswerten Mengen verkauft. Diese Sorten werden nach drei Kochtypen unterschieden:

- festkochend
- vorwiegend festkochend
- mehligkochend.

Der Trend geht dabei zu den festkochenden und vorwiegend festkochenden Sorten. Der Anteil der mehligkochenden Sorten ist rückläufig und liegt zur Zeit mit 4 Sorten bei nur noch 12 Prozent. Bei der Qualitätsmarke „AckerGold“ werden zum Beispiel die Kochtypen zusätzlich mit den Farben:

Grün: festkochend
Rot: vorwiegend festkochend
Blau: mehligkochend

gekennzeichnet. Außerdem werden die Kochtypen durch Empfehlungen für die Verwendungszwecke erläutert:

- festkochend: ideal für Kartoffelsalat, Schmor-, feste Salz-, Pell- und Bratkartoffeln
- vorwiegend festkochend: ideal für Salz-, Pell-, Brat- und Grillkartoffeln
- mehligkochend: ideal für mehlige Pell- und Salzkartoffeln, Püree, Klöße, Eintöpfe und Suppen.

Die Kartoffelsorten unterscheidet man auch nach ihrer Reifezeit. Sehr früh reifende Sorten kommen aus deutscher Ernte bereits ab Ende Mai zuerst auf Wochenmärkten, dann ab Mitte Juni auch in den Lebensmittelhandel. Diese Frühkartoffeln sind jedoch sehr empfindlich; sie sind zwar reif, haben aber noch eine ganz dünne Schale. Die neue Ernte wird von den Verbrauchern mit besonderer Liebe aufgenommen, sind Frühkartoffeln doch eine Spezialität und Delikatesse. Die ersten schalenfesten Frühkartoffeln dieser Reifegruppe gibt es ab Anfang Juli bis Mitte August, ein Teil auch, wenn er später gepflanzt wurde, bis in den September. Zur Bevorratung sind diese Sorten noch nicht geeignet. Die frühesten der frühen Sorten gibt es aus deutscher Ernte bereits im Juni. Sie werden je nach Auspflanzzeit bis Ende August geerntet und sind bei spätem Erntezeitpunkt, also nach vollständiger Ausreifung, auch eine gewisse Zeit lagerfähig.

Mittelfrühe Sorten werden ab Anfang August geerntet. Die ersten werden aber oft auch noch als Frühkartoffeln angeboten, noch losschalig, herrlich frisch im Geschmack, aber auch zum baldigen Verbrauch bestimmt. Was dann ab Mitte September auf den Markt kommt, eignet sich, sofern festschalig, auch schon für eine kurzfristige Bevorratung, etwa bis Mitte Januar. Einkellerungskartoffeln sind zumeist mittelfrühe Sorten, zu denen dann die später reifenden, ab Anfang Oktober geernteten mittelspäten Sorten kommen. Diese Sorten, die im Lebensmittelhandel dann in den Wintermonaten verkauft werden, sind ganz ausgereift und festschalig, schmecken kräftig kartoffelig und eignen sich als Einkellerungskartoffeln bis zur neuen Ernte

Der Beurteilung nach dem Geschmack liegt eine in Europa allgemein anerkannte 9-Punkte-Bewertung zugrunde, bei der die wertneutrale Beurteilung mit 5 eingestuft wird. Bei der Geschmacksbeurteilung haben also Kartoffeln mit neutralem Geschmack die Bewertung 5 und Sorten mit stärksten Mängeln 9 Punkte. Alle deutschen Speisekartoffelsorten liegen in der Geschmacksbewertung des Bundessortenamtes im Punktebereich 2 bis 4, sind also ausgeprägt im Geschmack. Das Bundessortenamt würde neue Kartoffelsorten, die im Geschmack nur die Note 5 erreichen, also einen neutralen Geschmack haben, gar nicht als „Speisekartoffel" zulassen, sondern als „Wirtschaftssorte" einstufen, weil solche Sorten nicht den Geschmackswünschen der Verbraucher entgegenkommen und entsprechen.

Rund, fest und gesund: die Speisekartoffel (hier die Sorte Granola).

Lagern und Einkellern

Die meisten Kartoffeln werden in Plastiktüten verpackt angeboten. Doch trotz der Luftlöcher neigen die Kartoffeln dadurch zum Schwitzen und somit zum schnelleren Faulen. Nehmen Sie die Kartoffeln deshalb sofort nach dem Einkauf aus dem Beutel. Am besten lagert man sie in einem Span- oder Weidenkorb an einem kühlen, luftigen und dunklen Platz. So halten sie sich mindestens drei bis vier Wochen. Für die Einkellerung über die Wintermonate eignen sich am besten die mittelfrühen bis späten Sorten. Bevor Sie jedoch eine größere Menge Einkellerungskartoffeln kaufen (billiger als die Abnahme in kleinen Mengen), sollten Sie die ausgewählte Sorte erst einmal probieren und eine Portion zur Probe kochen. Wer keinen idealen Raum hat (luftig, trocken, dunkel, kühl und frostsicher), der kann auch keimhemmende Mittel verwenden, um die Kartoffeln länger stabil zu halten. Dabei werden die Kartoffeln im trockenen Zustand gleichmäßig eingestäubt (Vorschriften genau beachten!) und abgedeckt. Kartoffeln, die bis etwa November/Dezember verbraucht werden, benötigen keine Keimhemmungsmittel, da bis zu diesem Zeitpunkt noch die natürliche Keimruhe besteht. Nachfolgend die wichtigsten Tips zur richtigen Pflege Ihrer Kartoffeln:

- Sortieren Sie nach Größen und Sorten. Zum Beispiel kleine Kartoffeln für Salate, mittelgroße für Pellkartoffeln und große für Grillkartoffeln oder Gerichte, für die Sie große Kartoffeln benötigen.
- Nur unbeschädigte und saubere Kartoffeln einlagern.
- Vor Sonne, Tageslicht und künstlichem Licht schützen. Licht verursacht grüne Stellen (Solanin). Solche Knollen sind nicht mehr eßbar.
- Kartoffeln brauchen Luft zum Atmen. Am besten zirkuliert sie in Horden oder Lattenkisten. Empfehlenswert ist auch die Lagerung auf Lattenrosten (Schütthöhe ca. 40 Zentimeter).
- Vor allzu großem Druck schützen und nicht werfen. Druck verursacht an der Knolle Flecken, die nach zwei bis drei Tagen dunkel werden und die Kartoffel faulen lassen.
- Schlechte Knollen regelmäßig aussortieren, jedoch unnötige Bewegung während der Lagerung vermeiden.
- Kartoffeln vor Frost schützen. Bereits bei plötzlichen Temperaturschwankungen unter 8 Grad Celsius tritt ein Qualitätsabfall ein. Knollen, die Temperaturen unter dem Gefrierpunkt ausgesetzt waren, werden süßlich und somit ungenießbar. Die ideale Lagertemperatur liegt zwischen 4 und 6 Grad Celsius.
- Wenn die Kartoffelvorräte im Frühjahr aufgebraucht sind, Behälter oder Lattenrost sorgfältig mit Wasser reinigen, damit sie für die kommende Saison wieder keimfrei sind.

Tips für die richtige Zubereitung

Prinzipiell müssen alle Kartoffeln zunächst einmal unter fließendem kalten Wasser gründlich gewaschen oder gebürstet werden. Knollen für Salzkartoffeln oder die Weiterverarbeitung zu fritierten Kartoffeln sollten mit einem geeigneten Kartoffelschälmesser möglichst dünn geschält und mit der Messerspitze von ihren möglichen Keimansatzstellen („Augen") befreit werden. Anschließend in die gewünschte Zubereitungsform bringen (halbieren, vierteln, achteln, in Stäbchen schneiden etc.). Da rohe, geschälte oder geriebene Kartoffeln

schnell dunkel werden, gibt man sie am besten vor der Weiterverarbeitung in eine Schüssel mit kaltem Wasser. Doch lassen Sie sie nie zu lange im Wasser liegen, dadurch verlieren sie zuviel von ihrem Vitamin-C-Gehalt. In geriebener Form kann man der Masse auch einen Schuß Essig zusetzen, um sie schön hell zu halten. Erst kurz vor der Weiterverarbeitung in einem sauberen Küchentuch ausdrücken. Schütten Sie das verbliebene Kartoffelwasser nicht gleich weg, die Stärke, die sich absetzt, kann dann wieder der Masse zugegeben werden. Überhaupt enthält Kartoffelwasser, auch das, in dem Salz- oder Pellkartoffeln gekocht werden, wertvolle Vitamine und Nährstoffe und läßt sich so gut anderweitig verwerten (z. B. bei Diäten als Drink oder zum Angießen statt normalen Leitungswassers). Und bevor wir nun näher auf die unterschiedlichen Zubereitungsformen eingehen, noch eine Anmerkung: Weder rohe noch gekochte Kartoffeln eignen sich zum Tiefgefrieren, da sie durch den Kälteschock entweder matschig oder grießig würden. Dagegen lassen sich Kartoffeln in verarbeiteter Form durchaus einfrieren, z. B. als Pommes frites,Plätzchen, Knödel oder Klöße.

Kochen und Dämpfen

Die gewaschenen Kartoffeln, je nach Verwendungszweck geschält oder ungeschält, in einen großen Kochtopf geben und mit kaltem Wasser auffüllen, bis sie gerade bedeckt sind. So sparen Sie auch Energie, weil das Wasser schneller erhitzt wird. Je nach Geschmack Salz und/oder Kümmel dazugeben und bei geschlossenem Deckel zum Kochen bringen. Wenn Sie dem Wasser etwas Milch zugeben, kochen die Kartoffeln nicht so leicht über und dampfen nicht so stark. Besitzen Sie einen Kartoffeldampftopf, so werden die Kartoffeln auf den Einsatz gelegt. In den Untersatz kommen etwa zwei große Tassen Wasser. Je nach Sorte und Größe (um ein gleichmäßiges Garen zu erreichen, nimmt man am besten immer etwa gleichgroße Knollen) liegt die Garzeit im normalen Topf bei rund 30 Minuten, im Dampftopf bei etwa 35 – 40 Minuten. Im Schnellkochtopf benötigen die Kartoffeln zwischen fünf und zehn Minuten. Ob die Kartoffeln weich sind, erfährt man durch die Garprobe: Lassen sie sich leicht mit einem spitzen Messer anstechen und gehen sie leicht vom Messer, sind sie gar. Das Kochwasser wird nun abgeschüttet, die Kartoffeln selbst läßt man im offenen Topf noch etwas ausdampfen (trockendampfen), Pellkartoffeln immer kurz mit kaltem Wasser abschrecken, dadurch lassen sie sich besser pellen.

Fritieren und Braten

Pommes frites, Kroketten, Strohkartoffeln oder Chips lassen sich jederzeit schnell und unproblematisch selbst herstellen. Am einfachsten natürlich in einer modernen geruchsfreien Friteuse. Im Prinzip genügen jedoch auch ein Kochtopf und ein passender Siebeinsatz. Da erhitztes Fett jedoch leicht überschäumt, ist es ratsam, das Fritiergefäß nur zur Hälfte mit Fett (Pflanzenfett oder Öl) zu füllen. Während sich die notwendige Temperatur bei den meisten Friteusen per Knopf individuell einstellen läßt, sollte man beim Fritieren im offenen Topf auf eine Temperatur von etwa 180 Grad achten. Dies geschieht entweder durch ein spezielles Fritier-Thermometer oder durch die sogenannte „Zischprobe". Dafür hält man den Holzstil eines Kochlöffels ins erhitzte Fett. Bilden sich am Stil kleine Bläschen, signalisiert dies, daß das Fett heiß genug ist, um die Poren der Kartoffelstäbchen zu schließen und so eine Kruste zu bilden. Wichtig ist, daß das Fritiergut vor dem Einlegen trocken ist, um Spritzgefahr vorzubeugen. Achten Sie zudem auf kleine Portionen und lassen Sie diese auf Küchenpapier nach dem Fritieren abtropfen. Fertig ist das Fritiergut immer dann, wenn es eine schöne gold-braune Farbe angenommen hat. Pommes frites z. B. sollten Sie erst kurz vor dem Servieren salzen, da sie das Salz über längere Zeit hin weich und labberig macht.

Für Bratkartoffeln oder Röstis empfiehlt sich eine möglichst große und schwere Pfanne (am besten aus Gußeisen). Ob in Scheiben, Würfeln oder Raspeln – immer wird zuerst Fett (Pflanzenfett, Schmalz, Öl, Butter oder Margarine, ganz nach Geschmack) erhitzt, bevor das Bratgut unter Wenden knusprig braun gebraten wird. Die notwendige Hitze liegt zwischen 120 und 180 Grad Celsius.

Backen, Grillen und Gratinieren

Kartoffelaufläufe jeglicher Art werden in einer gefetteten und feuerfesten Form im Backrohr gegart. Dafür wird das Backrohr in der Regel auf 200 bis 220 Grad vorgeheizt, die ideale Lage ist die jeweils mittlere Backschiene (beim Gasherd entspricht die Temperatur der Stufe 4). Backen oder auch grillen lassen sich Kartoffeln ebenfalls hervorragend. So zum Beispiel halbierte Kümmelkartoffeln (siehe Rezept) auf einem gefetteten Backblech oder Folienkartoffeln auf dem Rost. Die Garzeiten bewegen sich zwischen 30 Minuten und einer Stunde. Um rohe oder gekochte Kartoffeln zu überbacken oder zu gratinieren, schiebt man die feuerfeste Form auf die oberste Backschiene und wählt eine Hitze zwischen 225 und 250 Grad (im Gasherd Stufe 5).

Was ist zu tun, wenn ...

... Kartoffeln alt und schrumpelig sind?

Vor dem Kochen in kaltes Wasser legen, dann lassen sie sich leichter schälen. Ein Schuß Essig ins Kochwasser hebt zudem den Geschmack nochmals an.

... Kartoffeln beim Kochen angebrannt sind?

Die Kartoffeln herausnehmen, die angebrannten entfernen und die unbeschädigten in einem neuen Topf Salzwasser wieder aufsetzen.

... Kartoffeln verkocht sind?

Mit heißer Milch und etwas Butter zu einem flockigen Püree verarbeiten.

... Kartoffeln während des Kochens nicht aus der Schale platzen sollen?

Vor dem Aufsetzen mit einer Stricknadel durchstechen, vor allem bei großen Knollen.

... Kartoffeln grüne Stellen bekommen haben?

Die grünen Stellen weiträumig abschneiden und entfernen, da sich an diesen Stellen giftiges Solanin entwickelt hat. Gegebenenfalls die ganze Knolle wegwerfen.

... Kartoffeln gerieben werden sollen?

Beim Reiben von Kartoffeln für Puffer und Klöße die Fingerkuppen durch Fingerhüte aus dem Nähkästchen vor Verletzung schützen.

... Kartoffeln für einen Salat schnell in Scheiben geschnitten werden sollen?

Die gekochten Kartoffeln durch einen Eierschneider drücken.

... Kartoffeln gekocht aufbewahrt werden sollen?

Die gekochten Kartoffel abgießen und mit einem Tuch abdecken. Der Wasserdampf zieht dann in das Tuch ein, die Kartoffeln werden nicht mehr durch den Dampf aufgeweicht.

... Kartoffeln zu keimen begonnen haben?

Die Kartoffeln gründlich Schälen und von allen Keimen und Keimansätzen befreien, da Keime giftige Substanzen beinhalten.

... Pellkartoffeln nach dem Kochen längere Zeit ungeschält stehen?

Vor dem Pellen kurz mit heißem Wasser übergießen, dann lassen sie sich wieder leichter schälen.

... Kartoffeln angefroren sind?

Der durch das Anfrieren entstandene süßliche Geschmack läßt sich entfernen, indem man die Kartoffeln am Tag vor dem Kochen in kaltes Wasser legt und kühl stellt.

... Kartoffeln beim Kochen ihren Nährwert behalten sollen?

Immer eine Prise Salz dem Kochwasser zugeben, dann werden die Kartoffeln nicht zu sehr ausgelaugt.

... Kartoffeln schnell eine schöne Kruste bekommen sollen?

Vor dem Braten die Scheibchen kurz in Mehl wenden und dann erst in die Pfanne geben.

... Kartoffelnudeln leichter gelingen sollen?

Der Masse etwas Grieß beimischen, dann besteht weniger Gefahr, daß sie beim Backen oder Kochen zerfallen.

... Kartoffelpuffer besonders knusprig und dunkel werden sollen?

Der Kartoffelmasse vor dem Ausbraten eine geriebene Zwiebel untermischen.

... Kartoffelpufferteig nicht anlaufen und schön hell bleiben soll?

Eine Karotte mit in den Teig hineinreiben.

... Kartoffelsalate zu trocken ausfallen?

Fleischbrühe aufkochen und darübergießen.

... man sich einen Sonnenbrand eingefangen hat?

Rohe Kartoffelscheiben auf die Haut legen, das mindert den Schmerz.

Kartoffeln fix und fertig

Kartoffel-Fertigprodukte – Qualität bleibt erhalten

Im Zuge der Industrialisierung wurde auch die Notwendigkeit der Haltbarmachung von Lebensmitteln immer wichtiger. Die Versuche, Kartoffeln zu trocknen, reichen 100 Jahre zurück (sieht man von den Inka und ihrer Methode der „Gefriertrocknung" einmal ab). Dennoch begann das Zeitalter der modernen Kartoffel-Fertigprodukte in Deutschland eigentlich erst so richtig im Jahr 1949. Da kam nämlich die erste Kartoffelmehl-Mischung, aus der man Knödel wie auch Puffer herstellen konnte, auf den Markt. Und mit diesem ersten „Convenience-Produkt" war der Grundstein für einen völlig neuen Markt gelegt, der sich in den folgenden Jahrzehnten explosionsartig entwickeln sollte. Während jahrelang der Verbrauch an frischen Kartoffeln rückläufig war, stieg der Anteil der Fertigprodukte am Gesamt-Kartoffelverbrauch kontinuierlich an. Heute kommt immerhin bereits jede dritte Kartoffel in verarbeiteter Form auf den Markt. Die industrielle Verarbeitung folgt dabei weitgehend der haushaltsmäßig bekannten Zubereitung. Sie kann sogar ernährungsphysiologische Vorteile bieten, und zwar aus folgenden Gründen:

Durch Anbau- und Lieferverträge ist gesichert, daß die verarbeitende Industrie die Kartoffeln aus kontrollierten Anbaugebieten erhält. Wobei Sortenwahl und Düngung vorgeschrieben sind.

Immer wieder werden die Kartoffeln auf ihrem Weg zum Fertigprodukt eingehend geprüft und in produktspezifisch festgelegten Schritten analysiert.

1. Es werden nur ausgesuchte Rohstoffe aus kontrolliertem Anbau verwendet, Grundlage ist die intensive Zusammenarbeit zwischen Züchtern, Pflanzgutvermehrern, Anbauern und staatlichen bzw. öffentlich-rechtlichen Organisationen, die eine gezielte, den Bedürfnissen genau entsprechende Wahl der Kartoffelsorten gewährleistet. So werden auch im Rahmen von Anbauverträgen die richtigen Kartoffelsorten festgelegt. Die Betreuung der Vertrags-Landwirte reicht dabei über Bodenproben, Düngung, Anwendung von Pflanzenbehandlungsmitteln und Proberodungen bis hin zur Empfehlung des Erntezeitpunktes. Selbstverständlich ist die wechselnde Fruchtfolge sowie die Kombination verschiedener Dünger unter Einbeziehung der Gründüngung. Die intensive Kontrolle der angelieferten Ware, der äußeren Qualität, der Kartoffel-Inhaltsstoffe und Restmengen von Pflanzenbehandlungsmitteln runden das Vorgehen ab, das mit dem Begriff „kontrollierter Anbau“ umschrieben ist.
2. Die Rohprodukte werden optimal gelagert. Der Hauptteil der Rohstoffe wird zwar unmittelbar nach der Ernte verarbeitet (z. B. bei Pfanni bis zu 1000 Tonnen pro Tag). Was jedoch nicht gleich verarbeitet wird, lagert unter optimalen Bedingungen in temperierten Hallen.
3. Die Rohprodukte werden schonend verarbeitet. In produktspezifisch genau festgelegten Schritten geschieht die schonende Verarbeitung mit modernsten Technologien. So stellt z. B. Professor Paulus fest, daß die Inhaltsstoffe der Kartoffeln durch die in der Industrie angewendeten Technologien eher weniger negativ beeinflußt werden als dies zuweilen durch die Zubereitung im Haushalt geschieht. Zur Verarbeitung gehören zudem die Qualitätssicherung durch Geschmackstests (Sensorik), chemische und chemisch-physikalische Untersuchungen der natürlichen Inhaltsstoffe, mikrobiologische Kontrollen (Produkthygiene) sowie Rückstandsanalysen (Pflanzenbehandlungsmittel, Schwermetalle etc.).

Alle diese Maßnahmen – die weder im Handel noch im Haushalt auch nur annähernd möglich sind – stellen sicher, daß der Endverbraucher ein qualitativ hochwertiges Produkt erhält, das neben der einfachen Handhabung und schnellen Zubereitung auch den ernährungsphysiologischen Anforderungen entspricht.

Heute teilt man die Kartoffel-Fertigprodukte im wesentlichen in folgende Sparten auf:

1. Trockenprodukte und Kochbeutelprodukte (z. B. Knödel, Klöße und Pürees).

2. Naßprodukte (hitzesterilisierte Kartoffeln in Gläsern, Dosen sowie Frisch-Pack-Produkte in Aluweichbeutel, (z. B. Rösti, Bratkartoffeln, Bauernfrühstück, Hüttenschmaus etc).

3. Tiefgefrorene Kartoffelprodukte und Fertiggerichte (z. B. Knödel, Pommes frites, Puffer, Aufläufe, Bratkartoffel etc).

4. Snackprodukte (z. B. Chips, Sticks etc.). Die Beliebtheit der Kartoffel-Fertigprodukte hängt sicher auch mit der Schnelligkeit der Zubereitung, der „Treffsicherheit" im Gelingen der Produkte, der abwechslungsreichen Vielfalt des Angebots und der problemlosen Verfügbarkeit zusammen. Damit erfüllen die meisten Kartoffel-Fertigprodukte die drei wichtigsten Verbraucherwünsche:

   1. Sie sollen gut schmecken
   2. Sie sollen gesund sein
   3. Die Zubereitung soll schnell und problemlos sein.

Nachfolgend wollen wir die wichtigsten Verarbeitungstechnologien kurz beschreiben.

Trocknung – das älteste Konservierungsverfahren der Welt

Knödel, Klöße, Püree, Kroketten, Kartoffelpuffer oder auch Kartoffelsuppen findet man meist als Trokkenprodukte in den Regalen. Die Trockung als solche, also die Haltbarmachung durch Wasserentzug, ist innerhalb dieser Palette das wahrscheinlich älteste Konservierungsverfahren. Der Effekt der Trocknung beruht darauf, daß den Mikroorganismen, also den „Lebensmittelverderbern" die Hauptbasis des Lebens – das Wasser – entzogen wird. Sie sind dann nicht mehr lebensfähig, können sich nicht mehr vermehren und produzieren somit auch keine Giftstoffe mehr, die das Produkt verderben können. Durch Wasserentzug kommen auch viele, durch Luftsauerstoff bedingte Alterungserscheinungen zum Stillstand bzw. werden drastisch verlangsamt.

Viele früher übliche Verfahren, die teilweise auch heute noch im Haushalt verwendet werden (z. B. Dörren), beanspruchten die Lebensmittel so stark, daß es häufig zu Verlusten von wertvollen Inhaltsstoffen kam. Auch die Wasseraufnahme bei der Zubereitung sowie die geschmacklichen Qualitäten waren wenig befriedigend. Erinnern wir uns nur an das Dörrgemüse unseligen Angedenkens – genannt „Drahtverhau". Diese Situation wandelte sich in den letzten Jahrzehnten mit der industriellen Verarbeitung grundlegend. Die lebensmittelverarbeitende Industrie griff und greift zwar einerseits auf bewährte Verfahren der Hausfrau und des Handwerks zurück, kombiniert sie aber heute mit den modern-

Die Trocknung, das älteste Konservierungsverfahren der Welt, geschieht heute mit modernsten Geräten, wie z. B. dem Bandtrockner.

sten Möglichkeiten der Technik, unter Berücksichtigung der neuesten Erkenntnisse der Lebensmittelkunde und der Ernährungswissenschaft. Auf diese Weise ist es gelungen, die modernen Methoden des Wasserentzugs soweit zu optimieren, daß eine Alterung der Ware über Monate, ja sogar Jahre hinweg, zurückgedrängt wird, ohne daß wertvolle Inhaltsstoffe wesentlich stärker beeinflußt werden, als es in einem gut geführten Haushalt geschieht. Durch gezielte Rohstoffwahl, durch Vertragsanbau und optimierte Verarbeitungszeiträume kann der Verarbeiter zusätzlich mehr tun als es dem einzelnen Verbraucher möglich ist. Das heißt auch, daß die lange Haltbarkeit der Trockenprodukte eine ganz natürliche Ursache hat, sie wird völlig ohne chemische Konservierungsstoffe erreicht.

Naßkonservierung – „eingeweckte Frische“

Dieses Verfahren wurde zu Beginn des 19. Jahrhunderts entwickelt. So sollten z. B. erste Blechkonserven schon die Versorgung der Armee Napoleons sicherstellen. Die moderne industrielle Hitzesterilisation folgt im Grundsatz dem Prinzip des Einweckens im Privathaushalt. Eventuell im Lebensmittel vorhandene verderbniserregende Mikroorganismen werden durch Temperatur, beziehungsweise bei über 100 Grad Celsius abgetötet. Durch den luftdichten Verschluß des Behältnisses ist eine Re-Infektion ausgeschlossen, das heißt, es können von außen keine neuen Mikroorganismen in das Produkt gelangen und es somit verderben. Durch die Erkenntnisse in der modernen Lebensmitteltechnologie können darüber hinaus die erforderli-

Zur Verarbeitung gehört auch die Qualitätssicherung; durch Geschmackstests, chemische Untersuchungen der natürlichen Inhaltsstoffe, Produkthygiene wie auch Rückstandsanalysen.

chen Temperaturen und Einwirkungszeiten für jedes Lebensmittel „maßgeschneidert" werden. Die sorgfältige Aufbereitung der Produkte gestattet heute zudem wesentlich kürzere Einwirkzeiten als in früherer Zeit. Bei den flachen, flexiblen Weichbeuteln sind die Temperatur-Zeit-Belastungen wesentlich niedriger als bei den konventionellen Dosen und Gläsern, was wiederum der Produktqualität zugute kommt. Künstliche Konservierungsmittel werden auch bei dieser Art der Haltbarmachung nicht verwendet.

Zu den Kartoffel-Naßprodukten gehören u.a. geschälte Kartoffeln in Gläsern, Kartoffeln und Kartoffelprodukte in Dosen (z.B. Röstkartoffeln), Kartoffel-Fertigprodukte und Fertiggerichte im Frischepack (Rösti, Bauernfrühstück etc.).

Tiefkühlung - Produkte im „Kälteschlaf"

Tiefkühlprodukte nehmen seit Jahren enorm an Bedeutung zu – nicht zuletzt durch den Siegeszug der Mikrowelle. Das moderne Sortiment umfaßt heute eine Vielzahl von Produkten, die sich grob unterscheiden lassen in

- Fertiggerichte (z.B. Kartoffel-Aufläufe)
- Spezialitäten (z.B. Kartoffelherzen, gefüllte Kartoffel-Taschen, Rösti, Puffer)
- Klassische Beilagen z.B. Knödel, Klöße, Bratkartoffeln, Kroketten, Pommes frites)
- Backofen/Backblech-Produkte (vor allem Pommes frites, Kroketten etc.)

Auch hier kurz zwei Sätze zur Technologie dieser Konservierungsform. Die Haltbarkeit der Tiefkühlprodukte wird durch tiefe Temperaturen erreicht. Bei einer Einfriertemperatur von -35 Grad Celsius und einer Lagertemperatur von -18 Grad Celsius werden Wachstum und Vermehrung von Mikroorganismen unterbunden, das heißt, sie werden in einem „Kälte-Tiefschlaf" gehalten. Nach dem Auftauen der TK-Produkte erwachen sie allerdings wieder aus ihrem „Tiefschlaf", so daß aufgetaute Kartoffel-Produkte sofort verbraucht werden müssen.

Allen drei Verfahren (Trocknung, Hitzebehandlung und Tiefkühlen) ist gemeinsam, daß sie nur solange ein Produkt schützen, solange die erforderlichen Bedingungen garantiert sind, das heißt:

- ein niedriger Wassergehalt bei Trockenerzeugnissen
- eine luftdichte Verpackung bei hitzesterlisierten Produkten und
- eine Temperatur unter -18 Grad Celsius bei Tiefkühl-Erzeugnissen.

Intakte Packungen und ordnungsgemäße Lagerbedingungen (z. B. keine Unterbrechung der Kühlkette bei Tiefkühlprodukten!) garantieren eine einwandfreie Produktqualität. Die Angabe des Mindesthaltbarkeits-Datums gibt dem Verbraucher zudem den Hinweis auf die Lagerzeit. Nach Ablauf der Mindesthaltbarkeit soll die Ware in Kürze verbraucht werden.

Snack-Produkte – Fritierter Knabbergenuß

Kartoffel-Chips sind sicher die bekanntesten Vertreter der Sparte „Snack-Produkte".

Sie traten zu Beginn der 60er Jahre ihren Siegeszug an – als auch bei uns Cocktails, Nierentische und Parties plötzlich „in" waren. Doch damit nicht genug, der Markt der Knabberartikel expandiert auch heute noch enorm. Kartoffel-„Snackprodukte" werden unter optimalen Bedingungen durch ein nur wenige Minuten dauerndes Fritierbad in heißem Öl hergestellt. Sie schmecken frisch am besten – deshalb sorgen auch eigene Frischdienste im Handel dafür, daß ausschließlich frische Ware zum Verbraucher kommt.

Die Rohprodukte werden so schonend verarbeitet, daß die wertvollen Inhaltsstoffe weitgehenst erhalten bleiben.

Kartoffeln – wertvoll und gesund

Die wichtigsten Inhaltsstoffe

Wuchsstoffe	
Wasser	75%
Stärke	17%
Zucker	0,5%
Dextrine, Pentosane, Pektine	2,8%
Eiweiß- und Eiweißbausteine	2,0%
Fette	0,3%
Rohfaser	0,7%
Mineralstoffe, Spurenelemente	1,1%
Vitamine C (daneben B1, B2, B6, H, K, A)	
Solanin	
Organische Säuren	
Farbstoffe	
Fermente	

Gesund,
fit,
schlank und schön

Gesund, fit, schlank und schön mit Kartoffeln

„Morgens rund, mittags gestampft, abends in Scheiben, dabei soll's bleiben, das ist gesund" – das ist nicht etwa der Werbeslogan der Kartoffelindustrie, sondern das dichtete Johann Wolfgang von Goethe zur höheren Ehre der Kartoffel. Und in der Tat, wieder einmal hat Deutschlands oberster Dichterfürst recht.

In Italien wurden früher Kartoffelknollen „Tartuffuli" genannt – wegen ihrer Ähnlichkeit mit den Trüffeln. Aus diesen Tartuffuli ist unser Wort Kartoffel entstanden. Auf den ersten Blick klingt das sehr schmeichelhaft für die unscheinbare Allerweltsknolle. Während jedoch die Hochwertigkeit der Trüffel vor allem auf dem seltenen Vorkommen und dem damit verbundenen hohen Preis beruht, hat es die tolle Knolle tatsächlich in sich.

Die inneren Werte der Kartoffel machen sie zu einem wertvollen Bestandteil unserer täglichen Ernährung, denn sie ist einerseits energiearm, andererseits reich an wichtigen Nährstoffen, Vitaminen, Mineralstoffen und Spurenelementen – enthält aber keine für die Ernährung unerwünschten Inhaltsstoffe wie beispielsweise Cholesterin.

Die Kartoffel ist jedoch nicht nur ein kalorienarmes Kraftpaket für eine zeitgemäße, gesunde Ernährung, sie wird auch in der Medizin gezielt eingesetzt; die Indikationen bzw. Krankheiten, die dabei behandelt werden, sind unter anderem: Reduktionsdiät, diätetische Anwendung bei Diabetikern, Diätetik bei Nierenfunktionsstörung, Diät bei Hyperurikämie und Gicht sowie Harnsäuresteine, Zoeliakie, natriumreduzierte Kost (speziell bei Hypertonie) sowie leichte Vollkost. Auch in der Volksheilkunde spielt die Kartoffel eine große Rolle. Man kann mit ihr Verbrennungen lindern, Gastritis ausheilen, Gicht vorbeugen, Hautausschläge mildern, Karies oder zum Beispiel sogar dem Schlaganfall vorbeugen.

Viele Heilwirkungen der Kartoffel kannte man schon lange bevor man die Inhaltsstoffe der Kartoffel analysiert hatte. Das beginnt bereits bei den Inka, die die Kartoffel damals schon gezielt zu medizinischen Zwecken nutzten – innerlich wie äußerlich. Bereits in den ersten Berichten der Spanier aus der Neuen Welt (1535) wird die Kartoffel außer als Nahrungsmittel für die Eingeborenen auch als Pflanze mit besonderen Heilwirkungen beschrieben. So legten – diesen Berichten zufolge – die Inka rohe Kartoffelscheiben bei Knochenbrüchen auf, rieben sich gegen Kopfschmerzen die Stirne und gegen Ausschlag Gesicht und Haut mit rohen Kartoffelscheiben ein, aßen sie gegen Gicht und Rheumatismus und verwendeten sie, um Verdauungsbeschwerden zu überwinden.

Auch die Spanier merkten bald, daß diese unscheinbare Knolle besondere Kräfte in sich bergen mußte. Als man nämlich auf den Schiffen der

Südamerika-Flotte anstelle der sonst üblichen Reisnahrung Kartoffeln als Proviant verwendete, blieben die gefürchteten Seefahrer-Krankheiten wie Skorbut und Beri-Beri aus. Die Vitamine C und B – durch deren krassen Mangel diese Krankheiten ja hervorgerufen wurden – waren zwar noch nicht entdeckt, aber sie wirkten offensichtlich schon.

Und als die Kartoffel etwa ab 1580 über Spanien ihren Siegeszug in Europa antrat, geschah das auch erst auf dem Umweg über die Apotheke in den Kochtopf. Fürsten, Ärzte und Botaniker reichten sie als große Kostbarkeit einander weiter. 1565 erhielt König Philipp II. aus Cuzco eine Kiste ausgesucht schöner Kartoffeln. Da man diesen Knollen geheimnisvolle Kräfte zuschrieb, schickte der Monarch die seltenen Feldfrüchte weiter nach Rom an den kränkelnden Papst Pius IV. zur „Wiederherstellung seiner Gesundheit". Die spanische Enzyklopädie von Mellado aus dem Jahre 1854 vermerkt, der heilige Vater habe das Geschenk „mit Wohlbehagen" entgegengenommen.

Es war übrigens auch ein Arzt, der die ersten Kartoffeln in Bayern pflanzte. Joachim Camerarius, Arzt und Dekan eines von ihm selbst gestifteten Collegium medicinum, pflanzte 1590 in Nürnberg die ersten Kartoffeln.

Erst mit der Entstehung der modernen Ernährungslehre, der modernen Analytik und Lebensmittel-Chemie wuchs auch das Wissen um den Wert der Kartoffel. Hier kurz die wichtigsten Eigenschaften, die die Kartoffel auszeichnen:

Geringer Energiegehalt

Die Kartoffel ist völlig zu unrecht als Dickmacher verschrien. 100 Gramm enthalten nur etwa 68 Kilokalorien bzw. 285 Kilojoule – also weniger als ein Apfel!

Hoher Anteil an sogenannten komplex zusammengesetzten Kohlehydraten

Damit ist der Inhaltsstoff „Stärke" gemeint, der einen hohen Sättigungswert besitzt.

Hochwertiges Eiweiß

Das pflanzliche Eiweiß in der Kartoffel macht zwar nur 2 Prozent ihrer Substanz aus, ist jedoch biologisch äußerst hochwertig. Die höchste biologische Wertigkeit überhaupt besitzt nach wissenschaftlichen Untersuchungen eine Kombination aus ca. zwei Drittel Kartoffelprotein und einem Drittel Eiprotein (deshalb wird auch Patienten mit Nierenfunktionsstörungen oft eine „Kartoffel-Ei-Diät" verordnet).

Hoher Gehalt an wichtigen Vitaminen

Hier sind insbesondere die Vitamine C, B 1, B 2, und B 6 zu nennen. So kann man zum Beispiel mit 200 Gramm Kartoffeln den täglichen Vitamin C-Bedarf bereits zu 50 Prozent decken.

Bedeutender Lieferant von Ballaststoffen

Bekanntlich liegt der durchschnittliche Ballaststoffverzehr der Bevölkerung in der Bundesrepublik weit unter den Empfehlungen der Ernährungswissenschaftler. Ballaststoffe ergeben zwar keine Energie, sind aber für die Verdauung von Bedeutung. Bei chronischer Verstopfung bewähren sich Kartoffelkuren als einleitende Behandlung.

Hoher Gehalt an Mineralstoffen

Wußten Sie schon, daß die Kartoffel auch Magnesium, Eisen, Kupfer, Flurid und vor allem sehr viel Kalium enthält? Der hohe Kaliumgehalt macht die Kartoffel zu einem basischen Lebensmittel, und damit zur idealen Ergänzung zu säureüberschüssigen Lebensmitteln wie Fleisch und einigen Gemüsesorten. Außerdem – so hat eine Studie der Universität von Kalifornien ergeben, kann man dem Risiko eines Schlaganfalls um 40 Prozent vorbeugen, wenn man viel Obst, Gemüse und vor allem Kartoffeln ißt. Der Schutzeffekt beruht – so die Studie – im wesentlichen auf dem hohen Kaliumgehalt der kalorienarmen Kartoffeln. Der hohe Kaliumgehalt ist es auch, der mit seiner harntreibenden Wirkung die Kartoffel so geeignet macht für die Behandlung von Herz, Nieren- und Blasenleiden sowie für eine Schlankheitsdiät. Ernährungswissenschaftler empfehlen oft auch einen höheren Kartoffelverbrauch, um verschiedene Mangelerscheinungen unserer Wohlstandsernährung auszugleichen. Die für die Gesundheit wichtige Versorgung mit Magnesium und Eisen hat vor allem bei Frauen große Bedeutung. Wissenschaftliche Untersuchungen haben zum Beispiel den Beweis für ein Defizit an eisenhaltiger Nahrungsaufnahme gerade während der Schwangerschaft geliefert. Und – wußten Sie schon, daß man mit Kartoffeln auch der Karies vorbeugen kann? Experten weisen der Kartoffel, die ja Flurid enthält, das im Zusammenhang mit dem Schutz vor Karies eine Rolle spielt, einen nicht unbeachtlichen Rang auf der Skala gesundheitsfördernder Lebensmittel zu. 200 Gramm Kartoffeln decken den täglichen Bedarf an Kalium zu 60 Prozent, an Magnesium zu 15 Prozent und an Eisen zu 20 Prozent. Dazu kommt ein äußerst geringer Fettanteil, bestehend aus hoch ungesättigten Fettsäuren von nur 0,3 Prozent! Bausteine des Kartoffelfettes sind hoch ungesättigte – als essentiell bezeichnete – Fettsäuren. Natürlich ist die Kartoffel cholesterinfrei!

Eine „Medizin“, die gut schmeckt!

Angesichts all dieser positiven Eigenschaften der Kartoffel ist es nicht verwunderlich, wenn namhafte Wissenschaftler wie zum Beispiel Prof. Dr. Zöllner, feststellen: „Aufgrund ihres Eiweißgehaltes, aber auch aufgrund ihres Vitamin- und Mineralstoffgehaltes ist die Kartoffel eines unserer wertvollsten Lebensmittel überhaupt.“ Und alles, was an positivem über die Kartoffel in ernährungsphysiologischer Hinsicht bisher gesagt wurde, gilt gleichermaßen sowohl für haushaltsmäßig direkt aus der Kartoffel zubereitete Speisen als auch für die, in modernsten, schonenden Verfahren hergestellten Kartoffel-Fertigprodukte. Denn bei der industriellen Verarbeitung wird die Kartoffel im Vergleich zur haushaltsmäßigen Zubereitung in der Regel einer wesentlich geringeren Wärmebelastung durch Kochen, Blanchieren, Vorbraten und andere Gartechniken ausgesetzt, da hier – nicht zuletzt aus wirtschaftlichen Gründen – auf eine optimale Energieausnutzung geachtet wird, also unnötige Warmhaltezeiten vermieden werden. Und Hitze-Einwirkung bedeutet immer: Verlust an Vitaminen. Es ist zum Beispiel erwiesen, daß der prozentuale Abfall des Vitamin-C-Gehaltes von Kartoffeln von der Ernte bis zum Verzehr im Frühjahr bei frischen Kartoffeln früher stattfindet als bei Fertigerzeugnissen. Es ist ja allgemein bekannt, daß die Kartoffel – wie eine Reihe anderer Grundnahrungsmittel auch – in roher Form kaum genießbar und praktisch unverdaulich ist. Roher Kartoffelsaft allerdings ist ein bewährtes Hausmittel bei zuviel Magensäure. Ein halbes Glas roher Kartoffelsaft kann morgens, nüchtern getrunken, eine kurzfristige Ausheilung von Gastritis, ja sogar von Magengeschüren bewirken. Auch bei Sodbrennen und Aufstoßen hilft eine halbe Tasse Kartoffelsaft, vor der Mahlzeit getrunken. Wesentlich vielseitiger ist jedoch die Anwendung der Kartoffel – zum Beispiel in der Diätetik – in zubereiteter Form, bei der die zunächst unverdauliche Kartoffelstärke aufgeschlossen wird. Gerade für Magenkranke oder Magenempfindliche ist die Kartoffel ein ideales Nahrungsmittel. So reimte bereits Matthias Claudius um 1770 „Schön rötlich die Kartoffeln sind und weiß wie Alabaster, sie däun (verdauen) sich lieblich und geschwind und sind für Mann und Weib und Kind ein rechtes Magenpflaster."

Ein echter „Renner" sind in den letzten Jahren Kartoffeldiäten zum Schlankwerden geworden. Das Geheimnis einer Kartoffeldiät ist leicht erklärbar. Dr. Walther Zimmermann (Chefarzt des Münchner Krankenhauses für Naturheilwesen), der die erste Kartoffelkur auf Fertigproduktbasis entwickelt hat, sieht den Erfolg der Kur vor allem darin, daß sie eben nichts Exotisches, Skurriles oder Exzentrisches ist, sondern daß sie auf bekannten Produkten beruht und somit nicht vom Alltäglichen abweicht. Mit einer Kartoffelkur kann man täglich bis zu einem Pfund abnehmen, wobei – im Gegensatz zu anderen Schlankheitskuren – die Kartoffelkur zwei große Vorteile hat:

1. Sie schmeckt, ist abwechslungsreich und bringt (wichtig!) vor allem den Elektrolythaushalt nicht durcheinander.

2. Die Kartoffelkur schränkt nicht, wie andere Abmagerungskuren, durch ständiges Hungergefühl die Leistungsfähigkeit und Lebensfreude ein. Salzlos zubereitete Kartoffeln und Kartoffelgerichte eignen sich ideal zum Entwässern, zum Blutdrucksenken und durch die Ausschwemmung der Schlackenstoffe – durch das reichlich vorhandene Kalium – wird der Kreislauf entlastet. Besonders bei schwerer Herzinsuffizienz bietet sich die schonende Form der Entwässerung an, weil keine mineralischen Veränderungen des Elektrolythaushaltes eintreten und es nicht zu einer Eindickung des Blutes kommt. Aber auch bei anderen Therapien greift die Medizin gerne auf die Kartoffel zurück. So gehören Kartoffeln zur Diät bei Nierenfunktionsstörungen und bei erhöhtem Harnsäurespiegel (die Kartoffel ist sehr purinarm!) sowie bei der Behandlung von Harnsäuresteinen. Kartoffeln eignen sich auch als Bestandteil einer Diät zur Behebung von Fettstoffwechsel-Störungen.

Am Beispiel: eine Kartoffel-Kur

Gesundheitsbewußt leben und dennoch genießen, das erscheint einem oft als unvereinbarer Gegensatz. Glücklicherweise bietet sich jedoch die Kartoffel wegen ihrer hohen Wertigkeit einerseits und der Vielzahl ihrer Zubereitungsmöglichkeiten andererseits als Problemlöser an.

Um Ihnen zu zeigen, daß zum Beispiel eine Frühjahrskur oder eine Schlankheitskur ganz allgemein auch Spaß machen kann, haben wir für Sie zusammen mit Dr. Walther Zimmermann, Preisträger des „Werner Eckart-Preises für zeitgemäße Ernährung" und den Pfanni-Werken eine abwechslungsreiche und auch schnelle Kartoffel-Diät aus Fertigprodukten zusammengestellt.

Schlank mit Kartoffeln – eine Kartoffel-Kur

Wie erklärt sich die Wirkungsweise der Kartoffel-Kur? Die Kartoffel ist ein biologisch hochwertiges Grundnahrungsmittel, in dem fast alle essentiellen Aminosäuren enthalten sind, d. h. Eiweißbausteine, die für den menschlichen Stoffwechsel von großer Bedeutung sind. Außerdem gehört die Kartoffel zu den wichtigsten und hochwertigsten Vitamin-C-Lieferanten und besitzt einen hohen Gehalt an Kalium, das eine vermehrte Wasserausscheidung in Gang bringt. Zusätzliche Ballaststoffe beschleunigen die Verdauung, die ja gerade bei Abmagerungskuren gut funktionieren sollte. Diese ernährungsphysiologischen Voraussetzungen und ihre weiteren guten Eigenschaften machen die Kartoffel-Produkte für eine wirksame Kur besonders geeignet.

Zum Beispiel:
- wertvolle Bestandteile
- hoher Sättigungsgrad
- zahlreiche „Rezept"-Variationen
- problemlose Zubereitung
- günstiger Energiegehalt
- Preisgünstigkeit
- beliebter Geschmack

Wer darf so eine Kartoffel-Kur machen?

Für Gesunde gibt es keinerlei Risiko bei der Kur, denn in fast allen Heildiäten sind Kartoffeln erlaubt und selbst schwerkranke übergewichtige Herzpatienten sind erfolgreich mit der Kartoffel-Kur „ausgeschwemmt" worden. Nur Personen, die stark wirkende Medikamente einnehmen müssen, sollten ihren Arzt vorher befragen. Die Kartoffel-Kur sollte nicht länger als 14 Tage dauern, kann aber in Abständen jederzeit wiederholt werden.

Wie sieht so eine Kartoffel-Kur aus?

Grundlage sind schmackhafte sättigende Kartoffelgerichte in Verbindung mit möglichst joulearmem Obst, Gemüse und Salat und einer Fettmenge von maximal 20 g täglich – insgesamt nicht mehr als 3100 Kilojoule, bzw. 750 Kilokalorien am Tag. Fleisch, Fisch oder sonstiges tierischen Eiweiß (mit Ausnahme von Eiern, Butter, Käse, Sahne) sind nicht erlaubt, auch Kochsalz als wasserbindender Faktor wird weitgehend vermieden.

Welche Ergebnisse kann man erwarten?

Bei einer 7-Tage-Kartoffel-Kur haben die verschiedensten Versuchspersonen durchschnittlich 7 Pfund abgenommen. Ein vorübergehender Gewichtsstillstand am 3. oder 4. Tag ist auf eine Umstellung im Wasserhaushalt zurückzuführen. Das sollte Sie nicht entmutigen, weil meist schon am nächsten Tag der Ausgleich erfolgt. Die ersten Tage nach einer Kartoffel-Kur erfordern erfahrungsgemäß Disziplin und Vorsicht im Essen, wenn man das reduzierte Gewicht beibehalten will. Wenn Sie nun noch wissen möchten, wann Sie diese Kartoffel-Kur am besten durchführen sollten, dann kann man sagen: Jederzeit! Wenn auch das Frühjahr sich im allgemeinen für das Abnehmen besonders gut eignet. Wann immer Sie beginnen, z.B. Pfanni Kartoffel-Fertigprodukte sind stets von gleichbleibender Qualität und bekömmlich. Und denken Sie daran: Der Risikofaktor Übergewicht ist bereits bei einem Drittel der Bevölkerung zu einem ernsten Problem geworden. Lassen Sie es gar nicht erst so weit kommen! Probieren Sie zumindest einmal einen Kartoffeltag. Sie werden sich wundern, wie gut der tut! Wer hungern will, muß fröhlich sein, denn schlechte Laune erschwert das Abnehmen. Griesgrämigkeit über langweilige Kurvorschläge verdirbt den Appetit, aber vertreibt leider nicht den Hunger. Hier ein paar Ratschläge, wie man mit Appetit und guter Laune essen – und abnehmen kann.

12 Tips, die die Kur erleichtern:

1. Die alte Regel „Geteiltes Leid ist halbes Leid“ gilt auch beim Durchführen einer Kur. Versuchen Sie Freunde oder Kollegen oder Familienangehörige dazu anzuregen, die Kur mit Ihnen gemeinsam zu machen. Das gibt Ansporn und Durchhaltevermögen, außerdem hilft der Erfahrungsaustausch, etwaige Schwierigkeiten zu überstehen.

2. Ein Einkaufsplan für die gesamte Kurzeit bringt mehrere Vorteile: Sie haben eine bessere Übersicht, Zutaten, die wiederholt in kleineren Mengen vorkommen, können auf einmal gekauft werden und Sie werden nicht verführt, etwas anderes zu essen, nur weil die richtigen Zutaten für die Kur fehlen.

3. Die Kur eignet sich vorzüglich für Berufstätige, denn die Gerichte können zu Hause vorbereitet und am Arbeitsplatz erwärmt werden. Eine Suppenkur ist besonders einfach, da fertige Kartoffelsuppen nur noch in kochendes Wasser eingerührt werden müssen. Daher läßt sich Suppe überall dort zubereiten, wo auch Kaffee oder Tee „gekocht“ werden.

4. Innerhalb eines Tages können die Mahlzeiten ausgetauscht werden. Wer morgens den größten Appetit hat, kann den Tag ruhig mit Reibekuchen und schwarzem Kaffee beginnen und dafür am Abend das Knäckebrot knabbern und Mineralwasser dazu trinken.

5. Allerdings kann man mit knurrendem Magen schwer einschlafen. Deshalb sollte die Abendmahlzeit nicht früher als 19 Uhr eingenommen werden.

6. Für Leute, die Hungergefühle sehr schwer aushalten, empfiehlt es sich, die Mahlzeiten aufzuteilen, um öfter etwas in den Magen zu bekommen. So kann z. B. der Salat getrennt vom Hauptgericht zwischendurch gegessen werden.

7. Die in manchen Rezepten angegebenen Pfifferlinge oder Steinpilze sind teure Schmankerl und erhöhen natürlich den Anreiz für die Kur. Sie sind jedoch ohne weiteres durch die preiswerteren und gleichfalls schmackhaften Champignons zu ersetzen.

8. Zum Braten empfiehlt es sich, eine kunststoffbeschichtete Pfanne zu verwenden, weil darin kaum Fett gebraucht wird und die Gerichte trotzdem nicht anhängen.

9. Knödel in Kochbeuteln sind am schnellsten und einfachsten zuzubereiten. Sie erfüllen die gleichen Voraussetzungen wie z. B. Knödel halb & halb oder Rohe Klöße aus der Packung und können deshalb beliebig ausgetauscht werden.

10. Gewürze und Kräuter sind erlaubt. Sie sind nicht nur fürs Auge, sondern auch für den Geschmack erfreulich. Kochsalz hingegen ist möglichst zu meiden. Etwas Senf oder geriebener Meerrettich können jedoch nicht schaden.

11. Für die Hausfrau bedeutet die Kartoffel-Kur keine zusätzliche Belastung, denn sie kann für die Familienmitglieder, die nicht abnehmen wollen oder müssen, ganz einfach die Kurmahlzeiten mengenmäßig vergrößern oder durch Fleischgerichte ergänzen. Sie werden sehen, die ganze Familie wird von den schmackhaften Kartoffelgerichten begeistert sein!

12. Zum Schluß noch etwas für den Durst: Alkoholfreie Getränke sind in beliebiger Menge erlaubt. Also Kaffee, Tee ohne Milch und Zukker, Mineralwasser, aber auch joulearmes Tonicwasser oder Bitter Lemon oder ein erfrischender Schuß Zitronensaft ins Mineralwasser können Ihnen das Abnehmen erleichtern, wann immer es Sie danach verlangt.

Kartoffeln für Diabetiker

Entsprechend der neuen, geringeren Energiebewertung bei Speisekartoffeln (nur noch 68 statt früher 85 kcal) ergibt sich auch für Diabetiker eine um 20 Prozent höhere Bewertung der Kartoffeln in Broteinheiten. 75 g Speisekartoffeln entsprechen nunmehr einer Broteinheit, stellt Professor D. K. Müller vom Institut für Agrikulturchemie der Universität Göttingen fest. Nach der alten Berechnung von Kofrani entsprach eine Broteinheit (B. E.) seinerzeit 60 g Kartoffeln.

Professor Dr. D. Hötzel, Direktor des Instituts für Ernährungswissenschaft der Universität in Bonn, schreibt in einem Beitrag über „Die Bedeutung der Kartoffeln in der heutigen Ernährung": Kartoffeln können mit Erfolg – entgegen der landläufigen Auffassung – bei einer Diätetik des Diabetes Typ II (Erwachsenendiabetes) eingesetzt werden, wenn eine sinnvolle Verteilung der Kohlenhydrate gemäß der Austauschtabelle (die entsprechend zu korrigieren ist) im Verlauf des Tages erfolgt.

80 Prozent aller erwachsenen Diabetiker haben zudem Übergewicht, so daß Kartoffeln dafür auch als Bestandteile einer Reduktionskost herangezogen werden können.

Bei der Verwendung von Kartoffeln muß der Diabetiker die Passagezeit beachten. Passagezeit und Verdauung richten sich nach Zubereitungsart. Bei der Kartoffel sinkt die Geschwindigkeit, mit der die Nährstoffe resorbiert werden, d. h. in die Blutbahn übertreten in folgender Reihenfolge: pürierter Kartoffelbrei mit Wasser zubereitet, Kartoffelbrei mit Milch, Salzkartoffeln, Pellkartoffeln, Kartoffelsalat, Bratkartoffeln.

Menüplan für eine Wochenkur mit täglich 3 Mahlzeiten

1. Tag

Frühstück: 477 kJ/114 kcal

2 Scheiben Knäckebrot (16 g), 100 g geschälte Orange, Kaffee oder Tee ohne Milch und Zucker

Mittagessen: 1595 kJ/381 kcal

Kartoffelknödel mit Tomatensoße und Gurkensalat

2 Pfanni-Kartoffelknödel im Kochbeutel in nur schwach gesalzenem Wasser nach Anweisung auf der Packung zubereiten.

200 g Tomaten (ca. 4 kleine)
10 g Butter
Pfeffer, Thymian, Oregano
1 TL gehackte Petersilie

Tomatensoße

Tomaten in kleine Würfel schneiden und in heißer Butter ca. 10 – 15 Minuten dünsten. Evtl. etwas Wasser dazugeben. Mit Pfeffer, Thymian, Oregano und Petersilie pikant abschmecken.

200 g Gurke (etwa 1/2 kleine)

Marinade:
Essig, Pfeffer, Süßstoff gehackter Dill, 1/4 Zehe zerdrückter Knoblauch

Gurkensalat

Gurke waschen und mit Schale in dünne Streifen schneiden. Aus den übrigen Zutaten eine pikante Marinade zubereiten und kurz vor dem Essen mit den Gurkenscheiben mischen.

Abendessen: 828 kJ/198 kcal

Kartoffelsuppe mit Ei und Kopfsalat

1/4 l Wasser
25 g Pfanni-Kartoffelsuppenpulver (etwa 2 1/2 leicht gehäufte EL)
20 g hartgekochtes Ei (etwa 1/2 Ei)
1 TL gehackter Dill

Wasser aufkochen, Topf von der Kochstelle nehmen und Kartoffelsuppenpulver mit dem Schneebesen einrühren. Suppe in einen Teller gießen. Ei in Scheiben schneiden, auf die Suppe legen und Dill darüberstreuen.

50 g Kopfsalat mit Essig, Pfeffer, Süßstoff, gehacktem Dill und feingeschnittenem Schnittlauch abschmecken.

2. Tag

Frühstück:
473 kJ/113 kcal

1 Scheibe Knäckebrot (8 g), 1 kleines weichgekochtes Ei (ca. 50 g), Kaffee oder Tee ohne Milch und Zucker

Mittagessen:
1481 kJ/354 kcal

Kartoffelpuffer mit Apfelmus

40 g Pfanni-Kartoffelpufferpulver
$^1/_8$ l Wasser
10 g Öl (1 EL)
200 g geschälte säuerliche Äpfel
Zitronensaft
etwas abgeriebene Zitronenschale
Zimt, Süßstoff

Inhalt einer Packung Kartoffelpuffer gut durchmischen, damit sich Grob- und Feinanteil gleichmäßig verteilen. Dann erst 40 g abwiegen. Kartoffelpufferpulver mit dem Schneebesen in das kalte Wasser einrühren und 10 Minuten quellen lassen. Aus dem Teig 4 Kartoffelpuffer in heißem Öl in einer kunststoffbeschichteten Pfanne backen. Erst wenden, wenn sich ein goldbrauner Rand gebildet hat.

Apfelstücke in wenig Waser kochen, durch ein Sieb streichen und mit Zitronensaft, wenig abgeriebener Zitronenschale, Zimt und Süßstoff abschmecken.

Abendessen:
866 kJ/207 kcal

Champignonpüree und Tomaten-Bohnen-Salat

50 g frische Champignons
5 g Butter
10 g gewürfelte Zwiebel (ca. 1 EL)
170 ml Wasser (1 gute Tasse)
30 g Pfanni-Flocken-Fertig-Püree

Champignons in dünne Scheiben schneiden und in der heißen Butter dünsten. Zwiebelwürfel gleich dazugeben und mitdünsten. Wasser aufkochen, in eine Schüssel gießen, Püreeflocken einstreuen und umrühren, Champignons daruntermischen.

Tomaten-Bohnensalat

100 g Tomaten (ca. 2 kleine)
100 g Bohnen aus der Dose

Marinade:
Essig, Süßstoff
geriebene Zwiebel
Pfeffer
gehackte Petersilie
Rosmarin

Tomaten in dünne Scheiben schneiden, Bohnen dazugeben. Aus den übrigen Zutaten eine Marinade herstellen, über das Gemüse gießen und gut durchziehen lassen.

3. Tag

Frühstück:
377 kJ/90 kcal

3 Scheiben Knäckebrot (24 g), Kaffee oder Tee ohne Milch und Zucker

Mittagessen:
1678 kJ/401 kcal

Zwiebelklöße auf Ananaskraut

10 g Zwiebeln (1 EL)
5 g Öl (1 TL)
1/8 l Wasser
55 g Pfanni rohe Klöße (Pulver)
250 g Sauerkraut
100 g Ananas aus der Dose (etwa 2 Scheiben)

Zwiebel in kleine Würfel schneiden und in heißem Öl anrösten. Etwas abkühlen lassen und in das kalte Wasser geben. Inhalt einer Packung rohe Klöße gut durchmischen, damit sich Grob- und Feinanteil gleichmäßig verteilen. Davon 55 g abwiegen, mit dem Schneebesen in das kalte Wasser einrühren und 10 Minuten quellen lassen. Aus dem Kartoffelteig 2 Klöße formen, in kochendes, schwach gesalzenes Wasser legen, einmal aufkochen und 20 Minuten bei schwacher Hitze ziehen lassen. Sauerkraut und wenig Wasser aufsetzen und garen. Etwa nach 15 Minuten die in Stücke geschnittene Ananas dazugeben.

Abendessen:
1017 kJ/243 kcal

Kartoffelsuppe Provence

15 g Zwiebelringe
10 g Öl (1 EL)
100 g grüne Paprikastreifen
Pfeffer, Basilikum
1/4 zerdrückte Knoblauchzehe
100 g Tomatenviertel
50 g Bohnen aus der Dose
1/4 l Wasser
25 g Pfanni Kartoffelsuppenpulver (etwa 2 1/2 leicht gehäufte EL)
1 EL gehackte frische Kräuter

Zwiebelringe in heißem Öl anrösten. Paprikastreifen und etwas Wasser dazugeben und etwa 15 Minuten dünsten. Mit Pfeffer, Basilikum und Knoblauch abschmecken. Tomaten und Bohnen dazugeben, 5 Minuten weiterdünsten. Wasser aufgießen und aufkochen. Topf von der Kochstelle nehmen und Kartoffelsuppenpulver einrühren. Kräuter in beliebiger Menge und Auswahl darüberstreuen.

4. Tag

Frühstück:
477 kJ/114 kcal

2 Scheiben Knäckebrot (16 g), 100 g geschälte Orange, Kaffee oder Tee ohne Milch und Zucker

Mittagessen:
1126 kJ/269 kcal

Kräuterpüree mit Pfifferlingen und Chicorée-Tomatensalat mit Kresse

200 g Pfifferlinge aus der Dose
10 g Zwiebelwürfel (1 EL)
10 g Butter
1 TL gehackte Petersilie
Pfeffer, 170 ml Wasser (gut 1 Tasse)
30 g Pfanni Flocken-Fertig-Püree mit Milch
1 EL gehackte, frische Kräuter

Pfifferlinge auf ein Sieb geben und gut abtropfen lassen, Zwiebelwürfel in heißer Butter anrösten. Pfifferlinge dazugeben und 10 Minuten dünsten. Mit Petersilie abschmecken. Das kochende Wasser in eine Schüssel gießen. Püree-Flocken einrühren. Kräuter darunterrühren.

Chicorée-Tomatensalat mit Kresse

100 g Chicorée
50 g Tomate (1 kleine)
10 g Kresse ($^1/_2$ Kästchen)

Marinade:
Zitronensaft
evtl. Süßstoff
feingeschnittener Schnittlauch

Chicorée in dünne Ringe, Tomate in Scheiben schneiden. Kresse beifügen. Aus Zitronensaft, evtl. Süßstoff und Schnittlauch eine Marinade zubereiten und über das Gemüse geben. Gut durchmischen.

Abendessen:
1046 kJ/250 kcal

Kartoffel-Erbsensuppe mit Weißbrot-Knusperl

25 g Pfanni Kartoffelsuppenpulver (etwa $2^1/_2$ leicht gehäufte EL)
$^1/_4$ l Wasser
100 g Erbsen aus der Dose
Majoran, Pfeffer
1 TL Petersilie
10 g Weißbrot oder Semmel
10 g Butter

Kartoffelsuppenpulver mit dem Schneebesen in kochendheißes Wasser einrühren. Erbsen durch ein Sieb streichen oder fest mit der Gabel zerdrücken und beifügen. Mit zwischen den Fingern zerriebenem Majoran, Pfeffer und Petersilie abschmecken. Weißbrot oder Semmel in kleine Würfel schneiden und in zerlassener Butter goldgelb rösten. Vor dem Servieren mit der Suppe vermischen.

5. Tag

Frühstück:
452 kJ/108 kcal

2 Scheiben Knäckebrot (16 g), 100 g geschälte Mandarine, Kaffee oder Tee ohne Milch und Zucker

Mittagessen:
1503 kJ/359 kcal

Kartoffelpizza und Fenchel-Radieschensalat

1 EL Zwiebelwürfel
50 g Paprikaschote
75 g Tomate
(1 mittelgroße)
50 g frische Champignons
Wasser, Cayennepfeffer
Oregano, Basilikum
Rosmarin, Thymian
Salbei, 50 g Pfanni Krokettenpulver
10 g geriebener Edamer Käse (30% Fett)
5 g Öl (1 TL)

Gemüse kleinschneiden und in wenig Wasser etwa 20 Minuten dünsten. Mit Gewürzen und Kräutern würzen. Krokettenpulver mit dem Schneebesen in das kalte Wasser einrühren und 10 Minuten quellen lassen. Dann gut durchkneten, in 3 Teile teilen und etwa 1 cm stark ausrollen. Das Gemüse gleichmäßig auf den Teigplatten verteilen und mit geriebenem Käse bestreuen. Pizzas in eine mit Öl ausgestrichene kunststoffbeschichtete Pfanne legen und backen. Wenn sich ein brauner Rand gebildet hat, den Deckel auf die Pfanne legen, bis der Käse schmilzt.

Fenchel-Radieschensalat

50 g Radieschen
100 g Fenchel

Marinade:
Zitronensaft, Süßstoff
gehacktes Fenchelgrün
wenig Salz

Radieschen in dünne Scheiben schneiden, Fenchel grob raspeln. Marinade aus den übrigen Zutaten herstellen und darübergießen.

Abendessen:
741 kJ/177 kcal

Kartoffelsuppe Prinzess und Feldsalat mit Karotte

1/4 Liter Wasser, 25 g Pfanni Kartoffelsuppenpulver
(etwa 2 1/2 leicht gehäufte EL) 10 g Kresse
(ca. 1/2 Kästchen)
10 g Butter

Kartoffelsuppe nach Anweisung zubereiten und in einen Teller gießen. Kresse und Butter darauf verteilen.

Feldsalat mit Karotte

50 g Feldsalat
10 g Karotte

Marinade:
Essig
Süßstoff
1/4 geriebene Zwiebel

Feldsalat und die geriebene Karotte mischen. Aus Essig, Süßstoff und Zwiebel eine Marinade herstellen und mit dem Salat mischen.

6. Tag

Frühstück: 377 kJ/90 kcal

3 Scheiben Knäckebrot (24 g)
Kaffee oder Tee ohne Milch und Zucker

Mittagessen: 1560 kJ/373 kcal

Lauch im Krokettenkleid und Karotten-Rohkost

50 g Pfanni Krokettenpulver
$^1/_8$ l Wasser
100 g geputzter Lauch (etwa 3 dünne Stangen à 10 cm)
Muskat
10 g Öl (1 EL)

Krokettenpulver mit dem Schneebesen in das kalte Wasser einrühren und 10 Minuten quellen lassen. Lauchstange in kochendem Wasser 5 Minuten ziehen lassen. Zum Abtropfen auf ein Sieb geben. Kartoffelteig durchkneten, auf einem Backbrett knapp 1 cm stark ausrollen und in 3 Rechtecke schneiden. Lauchstangen drauflegen, mit Muskat bestreuen, den Teig darumschlagen und etwas andrücken. In heißem Öl in einer kuntstoffbeschichteten Pfanne goldgelb braten.

Karotten-Rohkost

100 g geputzte Karotten
50 g Apfesline (etwa $^1/_2$ kleine)
1 TL Zitronensaft
Pfeffer, 1 TL gehackte Petersilie, evtl. Süßstoff

Karotten auf der feinen Rohkostreibe reiben, Apfelsine in kleine Stücke schneiden. Mit Zitronensaft, Pfeffer, Petersilie und Süßstoff gut vermischen und abschmecken.

Abendessen: 879 kJ/210 kcal

Kartoffelsuppe mit Steinpilzen und Kopfsalat

1 Dose Steinpilze (Einwaage ca. 120 g)
10 g Butter
1 EL gehackte Petersilie
$^1/_4$ l Wasser
25 g Pfanni Kartoffelsuppenpulver (etwa $2^1/_2$ leicht gehäufte EL)
evtl. etwas Pilzpulver

Steinpilze auf ein Sieb geben und gut abtropfen lassen. Größere Pilze klein schneiden. Butter heiß werden lassen und die Steinpilze darin dünsten. Petersilie darüberstreuen, Wasser dazugießen und aufkochen. Topf von der Kochstelle nehmen und das Kartoffelsuppenpulver mit dem Schneebesen einrühren. Nach Belieben mit etwas Pilzpulver nachwürzen.

50 g Kopfsalat mit Essig, Pfeffer, Süßstoff, gehacktem Dill und feingeschnittenem Schnittlauch nach Gusto abschmecken.

7. Tag

Frühstück:
473 kJ/113 kcal

1 Scheibe Knäckebrot (8 g), 1 kl. weichgekochtes Ei (40 g), Kaffee oder Tee ohne Milch und Zucker

Mittagessen:
1369 kJ/327 kcal

Knödel „Raznjici" und Kopfsalat

55 g Pfanni Knödelpulver halb und halb
1/8 l Wasser
40 g Zwiebel
5 g Butter
30 g Paprikaschote
40 g Auberginen
30 g grüne Bohnen aus der Dose
Oregano, Kerbel, Thymian, Pfeffer, Paprika

Knödelpulver mit dem Schneebesen in das kalte Wasser einrühren und 10 Minuten quellen lassen. Zwiebel in grobe Würfel schneiden und in heißer Butter anrösten. Paprika in Streifen schneiden, dazugeben und mit etwas Wasser 10 Minunten dünsten. Mit Oregano, Kerbel, Thymian, Pfeffer und Paprika würzen und abschmekken. Aus dem Knödelteig mit angefeuchteten Händen 2 Knödel formen, in kochendes Salzwasser legen, einmal aufkochen und 20 Minuten bei schwacher Hitze ziehen lassen. Raznjici über die Knödel geben.

50 g Kopfsalat, angemacht mit 5 g Öl (1 TL), Essig und 1 EL gehackten, frischen Kräutern.

Abendessen:
1260 kJ/301 kcal

Kartoffelplätzchen und Blattspinat

50 g Pfanni Krokettenpulver
1/8 l Wasser
150 g Blattspinat
1/4 Zwiebel
5 g Butter
Pfeffer, Muskat, Knoblauchsalz
5 g Öl (1 TL)

Krokettenpulver mit dem Schneebesen in das kalte Wasser einrühren und 10 Minuten quellen lassen. Spinat mit kochendem Wasser übergießen und abtropfen lassen. Zwiebel in kleine Würfel schneiden, in heißer Butter anrösten, Spinat dazugeben und etwa 5 Minuten dünsten. Mit Pfeffer, Muskat und wenig Knoblauchsalz abschmecken. Aus dem Kartoffelteig eine 4 cm dicke Rolle formen und in 7 gleichgroße Teile schneiden. Öl in einer kunststoffbeschichteten Pfanne erhitzen und die Kartoffelplätzchen darin auf beiden Seiten goldbelb braten.

Register

Salate
Bunter Kartoffelsalat 28
Kartoffelsalat mit Mayonnaise 29
Kartoffelsalat mit Paprika
und Wurst 29
Party-Kartoffelsalat 29
Italienischer Kartoffelsalat 30
Kartoffelsalat mit Kaiserfleisch 31
Kartoffelsalat „Biergarten" 32
Kartoffelsalat mit Dillsahne 33
Kartoffelsalat mit Schinken 33
Einfacher Kartoffelsalat 33
Kartoffelsalat „Seevagabund" 34
Pommerscher Kartoffelsalat 35
Kartoffelsalat mit Zunge 35
Kräuter-Kartoffelsalat 35
Kartoffelsalat Olivier 35
Kartoffelsalat mit Mais 36
Bayerischer Kartoffelsalat 37
Kartoffelsalat mit Spargel 37
Kartoffelsalat mit Rote Beete 37

Suppen & Eintöpfe:
Hamburger Kartoffelsuppe 40
Galizischer Kartoffeltopf 41
Ungarische Kartoffelsuppe 41
Spanische Kartoffelsuppe 41
Echtes Irish Stew 42
Kartoffel Feuertopf 43
Französischer Kartoffeltopf 43
Peruanischer Kartoffeltopf 43
Kartoffel-Paprikasch 44
Kartoffelsuppe „nouvelle cuisine" 45
Altenwerder Kartoffelsuppe 45
Berliner Kartoffelsuppe 45
Einfache Kartoffelsuppe 46
Kartoffelsuppe mit Kassler 47
Kartoffel-Gurkenkaltschale 47
Grüne Kartoffelsuppe 48
Italienische Kartoffelsuppe 48
Kartoffelsuppe mit Hackklößchen 49
Bremer Labskaus 49
Kartoffelsuppe mit Seelachs 49

Knödel & Klöße:
Rohe Kartoffelknödel 52
Münchner Kartoffelknödel 52
Kartoffelklöße mit Pilzen 52
Rohe Klöße mit Gänseleberfüllung 53
Pfälzer Kartoffelklöße 53
Thüringer Klöße 53
Schwäbische Kartoffelknödel 54
Spinatklößchen 55
Gekochte Klöße 55
Knödel mit Kalbsbrät 55
Marillenknödel 56
Zwetschgenknödel 57
Kartoffelklöße halb und halb 58
Schnecken-Knödel mit Currysoße 59
Konfettiklöße 59
Knödel „rheinische Art" 59
Knödel „italienisch" 59
Hascheeknödel 60
Serviettenklöße 61
Sächsische Wickelklöße 61

Bratkartoffeln, Röstis & Puffer:
Bratkartoffeln Grundrezepte 64
Variante mit gekochten Kartoffeln 65
Variante mit rohen Kartoffeln 65
Bayerische Speckkartoffeln 66
Kartoffel-Pfanne 66
Bratkartoffeln mit Spiegelei 67
Bauern-Geröstel 67
Bauernfrühstück 67
Rösti Berner Art 68
Schweizer Rösti 69
Rösti mit Emmentaler 69
Kartoffel-Omelette 69
Kartoffelpuffer, Reibekuchen 70
Kartoffelpuffer Grundrezept 71
Kartoffelpuffer mit Zwiebeln 71
Kartoffel-Gemüse-Puffer 71
Kartoffelbouletten 71
Doppeldecker-Variationen 72
Doppeldecker mit Äpfeln 73
Leberwurst-Puffer mit Zwiebeln 73
Wiener Würstchen-Puffer 73
Schinken-Käse-Puffer 73

Grillkartoffeln,
Aufläufe & Gratins:
Folienkartoffeln mit diversen
Beilagen 76
Schalenkartoffeln mit Leberwurst 77
Kümmelkartoffeln vom Backblech 77
Kartoffel-Soufflé 78
Kartoffel-Auflauf 78
Rinderhack-Kartoffeln 78
Kartoffelbrei-Auflauf 79
Florentiner Kartoffeln 79
Deftiger Kartoffelauflauf 80
Kartoffelauflauf mit Edelpilz-Käse 80
Schinken-Kartoffeln 81
Genueser Kartoffelauflauf 81
Kartoffelauflauf mit Paprika 82
Kartoffel-Sauerkrautauflauf 83
Kartoffel-Fisch-Auflauf 83
Béchamel-Kartoffeln 83
Pommes Gratin „Dauphinois" 84
Kartoffel-Gratin 84
Kohlrabi-Kartoffelgratin 85
Zucchini-Kartoffelgratin 85

Salz-, Pell- & andere Kartoffeln:
Salzkartoffeln Grundrezept 89
Pellkartoffeln Grundrezept 89
Pfälzer Frühkartoffeln
mit Gurken-Quark 88
mit Gemüse-Quark 88
Gebackene Kartoffeln mit Speck 90
Gebackene Kartoffeln mit
Liptauer-Käse 90
Kartoffel-Kroketten 91
Schinken-Mandel-Kroketten 91
Kartoffel-Wurst-Küchlein 91
Rahm-Kartoffeln 92
Gratinierte Basilikum-Kartoffeln 93
Verschiedene Saucen zu
gekochten Kartoffeln:
Käsesauce zu Kümmelkartoffeln 93
Pizza-Sauce 93
Eiersauce 93
Irische Kartoffeln 93
Kartoffelbrei 94
Kartoffelnester mit Quark 94
Schloßkartoffeln 94
Gefüllte Magyaren-Kartoffeln 95
Brüh- oder Bouillonkartoffeln 95
Rosmarin-Kartoffeln 95
Kartoffelpüree in drei Varianten 96
Heiße Kartoffeln mit
kalten Beilagen 97
Pommes frites 99
Spanische Pommes frites 99
Pommes frites Schlemmerart 99

Kuchen & Nudeln:
Kartoffel-Apfel-Streuselkuchen 102
Herzhafter Kartoffelkuchen 103
Erdäpfel-Strudel 103
Rheinischer Döbbekuchen 103
Hessische Kartoffeltorte 103
Süße Kartoffel-Hörnchen 104
Kartoffel-Quarkkeulchen 104
Kartoffel-Waffeln 105
Kartoffelteig mit Weinchaudeau 105
Feine Kartoffeltorte 105
Kleingebäck aus Kartoffelteig 106
Kartoffel-Taschen 107
Kartoffel-Plätzchen 107
Mandel-Kartoffelkuchen 107
Powidl-Tatschkerl 108
Kartoffel-Gnocchi überbacken 108
Kartoffel-Stangen 109
Schupfnudeln 109
Kartoffelnockerl mit Kräutern 109
Omas Kartoffelnudeln 109

Bildnachweis

Studio Teubner: S. 6/7, 22, 26/27, 34, 36, 38/39, 40, 44, 47, 54, 57, 64, 65, 68, 70, 72, 74/75, 77, 81, 82, 86/87, 90, 91, 96, 98, 100/101, 102, 106, 107, 108, 112. Pfanni: 10/11, 13, 14, 15, 17, 20, 23, 28, 41, 46, 48, 50/51, 52, 53, 56, 58, 67, 69, 73, 76, 78, 79, 80, 94, 115, 116, 120/121, 122–127.
CMA: S. 18/19, 24/25, 45, 62/63, 88, 92, 104, 105, 113, 128/129.
Niederreuther: S. 30, 95. Thomy: S. 31, 32. Meggle: S. 42.
Wildhagen: S. 55. Alpensahne: S. 84. Boersch: S. 60.
Titelfoto: Pfanni. Rücktitel: Studio Teubner.

Für die freundliche Unterstützung möchten wir uns besonders bei den Pfanni-Werken sowie bei der Centralen Marketinggesellschaft der deutschen Agrarwirtschaft (CMA) bedanken.